共同体视域下大学与城市文化互动研究

——以广西百色市大学与城市文化互动为例

何文栋　王喜娟　著

中国出版集团有限公司

世界图书出版公司

广州·上海·西安·北京

图书在版编目（CIP）数据

共同体视域下大学与城市文化互动研究：以广西百色
市大学与城市文化互动为例 / 何文栋，王喜娟著.—广州：
世界图书出版广东有限公司，2024.6
　ISBN 978-7-5232-0869-4

Ⅰ．①共…　Ⅱ．①何…②王…　Ⅲ．①高等学校—
关系—城市文化—研究—百色　Ⅳ．①G649.21②G127.673

中国国家版本馆CIP数据核字（2024）第107309号

书　　名	共同体视域下大学与城市文化互动研究——以广西百色市大学与城市文化互动为例
	GONGTONGTI SHIYU XIA DAXUE YU CHENGSHI WENHUA HUDONG YANJIU —— YI GUANGXI BAISESHI DAXUE YU CHENGSHI WENHUA HUDONG WEI LI
著　　者	何文栋　王喜娟
责任编辑	刘　旭
责任技编	刘上锦
装帧设计	书窗设计
出版发行	世界图书出版有限公司　世界图书出版广东有限公司
地　　址	广州市海珠区新港西路大江冲25号
邮　　编	510300
电　　话	（020）84460408
网　　址	http://www.gdst.com.cn/
邮　　箱	wpc_gdst@163.com
经　　销	新华书店
印　　刷	广州市迪桦彩印有限公司
开　　本	787 mm×1 092 mm　1/16
印　　张	11.25
字　　数	175千字
版　　次	2024年6月第1版　2024年6月第1次印刷
国际书号	ISBN 978-7-5232-0869-4
定　　价	88.00元

序 PREFACE

　　大学与城市是人类的伟大创造，也是人类文明发展和进步的象征。在人类发展史上，大学与城市的诞生具有里程碑的意义，分别标志着人类不同历史时代的开启。在历史的长河中，城市早生于大学，但二者在时间推移中走向了对方、走进了对方，而且不离不弃、相互倚辅，这当中充满了人世间联姻的浪漫和神奇。那么，到底是什么力量驱动和促进大学与城市走到了一起，又是什么力量保持和增强着大学与城市之间密不可分的联系？

　　从根本上看，大学与城市是一个特殊的共同体。

　　大学与城市共栖共荣。城市包围着大学，大学身处城市的内城地带。当然，也有另外的情形，在不同的国家或地区，以及不同的历史时期，可能还有所差异。诸如一些大学没有围墙，大学与城市几乎没有边界、浑然一体，大学在城市中，城市在大学中，不存在所谓的中心或边缘；一些大学一开始就建在城市周边或远离城市的小镇上，然后小镇以大学为中心逐步拓展开来，大学的发展过程伴随着小镇的城镇化过程；一些大学一开始建在城市，后来为了躲避城市的喧嚣，搬出大城市，来到城市的郊区或周边的小镇，呈现出一种"反城市倾向"。历史告诉我们，无论今天的大学身处何处，随着时间的推移，迟早会被城市包围，或大学本身变成"大学城"。这种特殊的地缘关系让大学与城市的互动发展和协同合作具有了"近水楼台先得月"的地缘优势，同时也让大学与城市的互动发展和协同合作容易形成"向阳花木易为春"的双赢格局。大学逃匿不了城市，城市也拒斥不了大学，大学与城市之间的"聚力"远远大于两者之间的"张力"，大学与城市迟早要走到一起。

　　大学与城市互为辐射源。大学与城市是人类社会的两座高地，汇聚了人类社会的优质资源，具有强劲的辐射势能，因而作为一种特殊的辐射源而存在。一方面，大学因自身知识、科技、文化的资源优势而成为城市的辐射源，大学的能量以大学为中心向周边辐射，对所在城市及其区域产生有形或无形的影响。大学所在的城市是"近场"，大学的人才、科技、文化的输出，首先惠及的是所在的城市，然后逐步拓展到城市之外更广大的"远场"。另一方面，城市因自身政治、经济、交通、能源、医疗、卫生的资源优势而成为大学的辐射源，城市向大学输出物质、信息和能量，支撑和维系着大学的生存与发展。从这个意义上说，大学与城市互为动力站和供给站，大学与城市又同为人类社会的中观"地域单元"和一个国家或区域的创新活动的孵化器，双双成为社会的辐射源，两者协同合作还会产生"共振性辐射"或"辐射的共振"。

大学与城市互为名片和磁石。大学是城市的名片和磁石，城市也是大学的名片和磁石。拥有一流大学的城市，或坐落在著名城市的大学，都会提升各自的知名度和社会影响力，都会增强各自吸引社会资源的磁力。大学与城市要各自发挥自身的"磁场效应"，服务于彼此，为对方加持、赋值和增值。事实的确如此，一流大学容易吸引品学兼优的学生和高水平的教师，一流城市容易受到国家关注并吸引优质投资，一流大学和一流城市合体更容易使双方成为人们朝圣的目标。中国的大学普遍依城市而立，城市常因大学而兴，城市的品位和影响力在很大程度上都受到所在城市之大学的影响，尤其是在今天国际竞争日益激烈的时代背景下，创办和建设一流大学已经成为我国城市的未来抉择。

大学与城市是高科技与先进文化的生产者与消费者。大学与城市是当今社会的"自动化天堂"，是科技化和现代化的重镇和中心。大学是社会发展的动力站，大学科技成果的转化促进社会发展。越是一流的大学，其科技成果转化率越高；越是现代化的城市，其自动化程度越高。大学与城市的这种耦合会助推科技化和现代化。大学是创新、创造的"现代工厂"，是高科技与先进文化的"代名词"。城市是人类社会创新创造的先锋，同时也是高科技和先进文化的主要消费者。大学与城市之间的生产与消费的矛盾运动，构成大学与城市互动发展的不竭动力。

大学与城市互为对方的重要器官，又同为社会有机体的重要器官。大学犹如城市的大脑，大学为城市提供意识与思想；城市犹如大学的心脏，城市为大学提供血液；城市又是人类社会的大脑和中枢神经系统，指挥着社会有机体的运行发展。大学是城市乃至社会的智库，大学改变着城市的思维方式和神经网络，同时通过人才培养、科学研究和社会服务推动着社会的发展。只要大学永葆青春，那么城市或社会的生命力就会健旺。

总而言之，大学与城市作为特殊的关系共同体、利益共同体、责任共同体和命运共同体而存在，二者之间的互动发展必须遵循"共同体逻辑"。正因为如此，何文栋选择在共同体视域下研究大学与城市之间的文化互动。另外，当今中国正在着力铸牢中华民族共同体，何文栋出版本专著，以多民族聚居的红色革命老区广西百色市为典型案例，积极探索大学与城市文化互动的内在规律和有效模式，对于打造大学与城市共同体、传播中华优秀文化，乃至构建人类命运共同体具有特殊的时代意义。

在我的印象中，这是何文栋出版的第一部专著，作为她的博士生导师，我为她感到由衷的高兴，并欣然应邀为之作序，尽管这也是我第一次为他人作序。

李枭鹰

于大连理工大学厚民楼

2024 年 5 月 1 日

目 录 CONTENT

I

绪　论

一、研究背景

　　大学作为一种文化存在自产生之日起就与城市有着深厚的文化根源，大学与城市的关系是一个动态变化发展的过程，两者之间的关系经历了从大学与城市相互对立、相互排斥到城市哺育大学、大学依赖城市，再到大学产生城市等发展阶段和历程。现代社会中，大学作为城市，社会发展的中心，文化引领的职能越来越被专家、学者和城市社会所认可和接受，与此同时，城市在发展的过程中也是越来越重视自身的文化软实力在城市建设和发展中的重要作用。现代社会的大学与城市的关系可以说是一种水乳交融的关系：没有城市的哺育和滋养，大学就失去了生长和发展的"根"；大学对城市来说也同样重要，没有大学的城市就如一潭死水，没有生机与活力，没有发展的精神支撑和动力。对于现代社会中的大学与城市如此亲密的关系，有专家曾预言，21世纪城市之间的竞争在某种程度上说是文化的竞争，成功的城市将是以文化为主导的城市。在21世纪城市与合作发展的论坛中，联合国开发计划署将"城市文化建设与城市特色"作为此次论坛的议题；伦敦市市长在2003年发表的城市文化战略演讲中声称要将伦敦打造成为"世界级的文化城市"；我国的城市发展研究协会副理事长也曾发表文章，认为文化是一座城市独特的气质，并且提出"城市即文化，文化即城市"。以上论题无一例外均在说明文化在一座城市中的重要地位，而大学作为城市中重要的文化机构，对城市文化的传承、创新所起的作用是城市社会中任何其他机构或组织都无法替代的，大学与城市文化的关系越来越密切。

　　任何一座城市都有其独有的文化资源优势，百色市作为广西壮族自治区一个多民族聚居的少数民族地区，有着丰富的文化资源。民族文化、红色文化、历史文化和生态文化是百色市主导的四大文化品牌，这些得天独厚的文化资源不仅对当地城市的发展产生重要影响，而且对大学各方面的发展也会产生重要作用。百色市是壮族文化的发祥地，因此，以广西百色市为例来探究大学与城市文化之间的互动关系具有一定的典型性和代表性。现今百色市共有百色学院、右江民族医学院和百色职业学院三所院校，这三所高校均以服务于当地经济、政治、文化等方面的发展为主要宗旨，为百色市城市文化建设提供了智力支撑和人才资源，同时百色市丰富的文化资源也为这三所大学的发展提供了物质保障，两者在互动中相互影响、相互作用，共同推动彼此的进步与发展。其中右江民族医学院以医学专业为主，是区域医药卫生专门人才培养的重要基地，百色职业学院是面向市场办学的一所高职院校，它们虽然都是以服务于百色为主要办学目的，但是在学科设置、科研水平等方面与百色学院相比还有一定的差异——百色学院在学科门类设置方面更齐全、科研水平方面相对较高，对百色城市文化建设的影响和贡献更具有代表性。因此，本研究选择以百色学院为个案来研究大学与城市文化之间的互动关系，以期为广西百色市大学的发展以及城市文化的传承、建设和创新提供绵薄之力。

二、研究目的

随着大学由城市社会的"边缘"走向城市社会的"中心"，大学与城市之间的亲密关系也逐渐被人们所重视。城市之中的大学作为城市中最重要的文化机构，在发展的过程中能否对城市文化的传承、辐射、引领和创新产生影响，以及如何影响其所依附城市的城市文化建设，越来越成为城市社会主体关注的聚焦点。本研究主要厘清以下问题：

第一，通过对大学与城市文化互动的历时态追溯，探究文化在大学与城市互动中所起的作用；

第二，通过对大学与城市文化互动的共时态考察，探讨大学与城市的关系范型，以及大学与城市文化之间的相互作用关系；

第三，探究大学与城市文化互动中涌现的突出问题，针对问题进行深入思考，并提出大学与城市文化良性互动有效的路径；

第四，以百色学院为典型个案，深入分析百色市大学与城市文化互动的现状、成效、互动的特点，以及两者之间的共生作用。

三、研究意义

（一）理论意义

本研究从共同体视域出发，立足于共同体理论，将大学与城市作为关系共同体、文化共同体、利益共同体以及命运共同体，探究大学与城市文化互动的历史、大学与城市文化互动的关系范型、大学与城市文化的互利共生关系等命题，有助于从整体上认识、理解大学与城市文化互动的关系，深化对共同体理论的理解，丰富大学与城市文化互动的理论研究成果。

（二）实践意义

本研究以百色学院为例来探究大学与城市文化互动的关系，如百色市大学与城市互动的现状、互动的成效、互动的特点以及共栖关系，这对于促进百色市大学的科学发展、优化大学服务于城市文化建设的社会服务职能等具有一定的参考价值；与此同时，研究大学与城市文化之间的互动关系也符合大学与城市文化互动发展的现实需要，是深入落实科学发展观、全面建成小康社会，以及构建社会主义和谐社会的现实需要，对提高城市竞争力、提升城市形象以及加强城市文化建设具有一定的现实意义。

四、研究综述

（一）国外研究动态

通过搜集和查阅相关资料可知，国外学者对大学与城市互动的研究主要表现在以下几个方面：

第一，从历史的角度研究大学与城市的互动关系。有诸多研究者从历史维度研究大学与城市互动的关系。譬如劳伦斯·布罗克里斯（Laurence Brockliss）在其《学袍与城镇：欧洲的大学和城市》研究中，从历史视角出发，将欧洲大

3

学与城市的历史划分为两个阶段：第一个阶段（1200—1800年），大学开始只是出现并存在于城市之中，但两者的关系并不密切，相互之间的交流也不频繁，大学的师生与城市市民之间的关联也较少；第二个阶段（1800—2000年），两者更为紧密地联系在一起，形成你中有我、我中有你的关系。①同样从历史视角对大学与城市互动关系进行探究的还有托马斯·班德尔（Thomas Bender），他在 *University and City: From the Medieval to the Present* 中，阐述了从中世纪时期到20世纪80年代末这段时间，大学与城市相互依赖、相互影响以及相互促进的互动关系。②

第二，大学与社区的冲突、合作研究。大学与城市社区交往的过程中，大学人口的集聚会给城市社区带来土地、住房、生活用品价格上涨等影响，同时大学也会对区域内居民的生活水平产生影响。拉里·罗利（Larry L. Rowley）认为美国的大学与城市社区之间的冲突主要表现在文化意识形态方面，尤其是具有较高层次学术气息的研究型大学与城市社区的平民化氛围存在一定程度的对立，并且认为大学的精英文化会对区域内的大众文化产生一定程度的损害。③为了将大学与地方社区的冲突降到最小，1969年，哈佛大学学术委员会在《大学与城市》报告中提出：首先，哈佛大学在一定程度上影响了坎布里奇的居住环境，大学有相应的责任来解决存在的问题；其次，大学需要为黑人增加就业机会，同时在教学过程中强化对相关社区的城市问题的研究；最后，哈佛大学增加了针对城市社区等问题的相关政策研究项目，来帮助城市应对发展中遇到的问题。④相较之下，大学与社区的合作是两者之间关系的主要部分。兰德·杰弗里（Lederer Jeffrey）从协同规划理论的角度论证了大学在城市振兴和城市社区规划中的重要作用和地位⑤，还指出相对于大城市而言，社区与大

---

① Laurence Brockliss. Gown and Town: The University and the City in Europe, 1200-2000[J]. Minerva, 2000（2）：147-170.

② Thomas Bender. University and City: From the Medieval to the Present[M]. New York: Oxford University Press, 1988：8.

③ Larry L. Rowley. The Relationship Between University and Black Urban Communities: The Clash of Two Cultures[J]. The Urban Review, 2000（1）：46-65.

④ 王东. 基于环境视角对大学与城市互动的分析[D]. 大连：大连理工大学，2013.

⑤ Lederer Jeffrey. University downtown, and the mid-size city: An examination of the roles of university in downtown revitalization within the context of community-university partnerships[D]. University of Waterloo, 2007.

学的合作伙伴关系在中等城市更容易得到体现，因为它们彼此之间更容易沟通和建立信任关系①。

第三，以知识为中介探究大学与城市的关系。大学是潜在的好邻居或坏邻居，大学与城市之间关系的转向会带来高昂的代价。②一些学者认为大学与城市之间的关系是通过大学的知识来作为中介转化的。例如，范德·米尔（Vander Meer）在 *The university as a local source of expertise* 一文中，重点论述了知识的转化在大学与城市的互动关系中扮演的重要角色。他指出，高校通过输送毕业生以及研究成果两大方面，为所在城市的发展做出了贡献，并在对比分析了荷兰以及英国的不同情况基础上进一步总结了大学与城市的互动关系。③罗伯特·哈金斯（Robert Huggins）在《大学、知识网络和区域政策》中提出，虽然大学知识转移对区域发展的影响总体上是积极的，但大学有效转移知识的能力和区域企业有效吸收知识的能力存在着相当大的差异，因此，政府应当通过建立如科学园区、合作研究中心和孵化器等中介经纪人和中介机构，来改善区域知识供需之间的联系和互动。④

第四，大学与大学城关系的研究。关于两者之间的关系，国外学者库珀·罗伯森（Cooper Robertson）提出了一个全新的大学城规划思路，并且强调校园边界与城市之间的互动融合关系，提出把新规划的公共设施与校园生活交错融合。此外，一些国外学者对大学城的研究还包括大学城建筑研究、大学城与社区的关系、大学城的发展史，等等，例如彼得·霍尔（Peter Hall）的 *The University and City*、劳伦斯·布罗克里斯的 *Gown and Town* 以及帕森斯（Parsons）的 *A Truce in the War Between Universities and Cities：a Prolong to the Study City-University Renewal* 等。任何事情都具有两面性，大学不仅会给城市发展带来积极影响，还会对其产生消极影响。在一项针对15个美国加利福尼亚大学城的研究中，大学的存在带来了负面的财务影响，包括房产税的降低，

---

① Vander Meer. The University as a local source of expertise[J]. Geo Journal，1997（4）：359-367.

② Sanford Pinsker. Could town-gown relations take a costly turn[J]. Academic Questions，1996（2）：7-9.

③ 杨耐寒. 大学与城市社会结构互动研究[D]. 大连：大连理工大学，2015.

④ Robert Huggins. Universities，knowledge networks and regional policy [J]. Cambridge Journal of Regions，Economy and Society，2008，1（2）：321-340.

绪
论

警察、公园和娱乐等服务支出的增加。贝克·明克尔（Baker Minkel）在《城镇与长袍》中通过对加利福尼亚大学城的研究得出，大学的存在为城市的发展带来了负面的财务影响，降低了城市的财务税收的同时还增加了城市对公共服务的投资。①

第五，从文化的视角来研究大学与城市之间的关系。一些学者认为，大学与城市文化的互动既存在着积极的影响，也存在着消极的影响。譬如美国学者托马斯·班德尔在 University and City：From the Medieval to the Present 一书中认为，虽然有时候城市的发展威胁到了大学学术的稳定，但是有时候处于危机中的大学是被它周围的城市能量所拯救的。相反地，有时候大学提供了延续城市文化生活的要素，但是也有时候大学从城市中淡出并且破坏了文化的根基。②

（二）国内研究动态

目前，关于大学与城市的著作在数量上并不多，主要有诸大建的《大学与城市：哈佛访问学术日记》、郄海霞的《美国研究型大学与城市互动机制研究》、李志红的《大学与城市互动研究》等代表性成果。本书以期刊论文为主要的文献来源，通过对大学与城市互动的期刊论文进行归类和分析，发现国内学者们对大学与城市互动的研究主要表现在以下几个方面。

1. 大学与城市经济的互动研究

由于受历史、政治等因素的影响，我国大学的政治功能一直居于主导地位，经济功能未得到充分释放。1978年，在全国科学大会和全国教育工作会议上，邓小平同志深刻地论述了经济快速发展离不开科技进步而科技进步又依赖于教育的关系，并从战略高度强调大力发展科技和教育的重要意义，明确了科教发展对发展经济、建设现代化强国的先导作用，把科教摆在中国发展战略的首位。1985年，中国教育学会教育经济学研究会理事宋梓铭在《要重视和支持高等职业大学的发展》中指出，职业大学是与当地经济发展紧密相连的，要重视和支持职业大学的发展。经济特区和沿海开放城市是管理的窗口、技术

---

① Baker Minkel. The town and the robe [J]. Economic development Journal，2004，150（4）：344-346.
② 李俊玲. 高教园区模式下的高校校园文化与城市文化互动研究[D]. 杭州：杭州师范大学，2012.

的窗口、知识的窗口、对外政策的窗口，经济特区和开放城市的大学在某种意义上可以说是"窗口型"的大学，同经济特区和开放城市的经济一样，肩负着引进、吸收、消化、创新和向内地转移的任务。1985年，蔡克勇和张秀梅的《服务地方经济瞄准先进水平——关于特区和开放城市大学发展战略等问题的探讨》强调，经济特区和开放城市的大学应坚持为地方经济和社会发展服务。总体来看，20世纪80年代有关大学与城市经济的研究不多，而且成果只是提及职业教育、经济特区和开放城市大学对城市经济发展的促进作用。

大学之于城市经济建设的意义是不言而喻的，这正如德里克·博克（Derek Bok）所言："我们不知道一个没有大学的城市会更富有还是更贫穷，因为谁也无法预知一个没有像大学这样的大机构存在的社区会是怎样的一种情况。但是，我们相信，相对来说，很少有其他方式可以像大学那样给一个城市带来如此大的经济效益。"[①]1992年，内蒙古大学科研处的王军在《发挥高校科技优势促进城市经济腾飞》中呼吁，要充分发挥高校的科技优势，促进呼和浩特市经济的发展。1992年，党的十四大确立了社会主义市场经济体制。1995年，江泽民同志在全国科技大会上的讲话中提出，实施科教兴国战略，必须深化科技和教育体制改革，促进科技、教育同经济的结合。尽管如此，"大学与城市经济研究"并没有成为20世纪90年代学术界的研究热点。

21世纪是知识经济时代，"大学作为知识的生产者、批发商和零售商，不可避免地要向社会提供服务"[②]。尤其是随着高等教育大众化的到来和新技术革命的需要，各省先后兴起了"大学城"，并且在大学城周边出现了与教育相关的科研机构、企业集群和生活服务产业集群。大学或大学城给城市所带来的经济效应逐渐引起了人们的关注，同时也激发了学者的研究兴趣，涌现了大量关于大学与城市经济的研究，这些研究呈现出以下特点。

第一，定性研究和定量研究相结合。这些研究在阐述大学或大学城对城市所产生的各种经济效应的同时，也用大量的数据、图表等加以验证，使文章

---

① [美]德里克·博克.走出象牙塔：现代大学的社会责任[M].徐小洲，陈军，译.杭州：浙江教育出版社，2001：252.
② [美]克拉克·克尔.大学的功用[M].陈学飞，陈恢钦，周京，等译.南昌：江西教育出版社，1993：80.

的说理性更强。例如,郗海霞的《美国研究型大学对城市经济和产业的贡献》、张邦辉和彭洪洋的《重庆大学城对重庆城市经济的直接拉动》、诸大建和鄢妮的《大学对所在城市和地方经济发展的关联作用研究》、周立和丁德群的《大学对城市经济发展的贡献——以浙师大为例》、白丽红和李平叶的《山西大学城建设对晋中城市、经济发展作用分析》、范英的《大学对所在城市经济发展的效用分析——以哈尔滨为例》。

第二,理论研究和应用研究相结合。这些研究在论述大学或大学城对城市的经济效应时,以经济学的有关理论为基础,并在此基础上进行个案研究,将理论研究和应用研究紧密结合,论证大学或大学城对城市经济发展的效用。例如,陈红梅和方淑芬的《大学城的聚集经济效应分析》采用了经济学中的超越对数成本函数对中国大学城经济的聚集效应影响作出评价,分析大学城的投入与产出间的关系;诸大建和鄢妮的《大学对所在城市和地方经济发展的关联作用研究》、范英的《大学对所在城市经济发展的效用分析——以哈尔滨为例》,以大学与城市经济的前向与后向关联效应理论为基础,分别以大学在美国128公路地区、哈尔滨经济发展中的作用为个案,揭示大学对城市经济重要的关联作用。

第三,聚焦于大学与城市经济、大学城与城市经济的研究,关于大学与城市经济互动发展的研究鲜见。为数不多的代表性成果有2001年黄勋敬和黄秀娟发表的《大学城战略:中心城市经济建设与高等教育发展的良性互动》、2002年何心展的《大学城对高等教育与区域经济协调发展的促进作用》、2003年张真柱的《大学城建设使高等教育与区域经济双赢》,以及2004年张彬彬的《大学城战略:城市经济与高等教育的良性互动》等。

2. 大学与创新型城市的互动研究

在经济全球化的冲击下,不同国家之间的边界的作用或地位逐步弱化,而区域或城市在各方面的作用日益增强。城市既是参与国际竞争的中观地域单元,又是一个国家或区域的创新活动的孵化器。1998年2月4日,江泽民同志在中国科学院《迎接知识经济时代 建设国家创新体系》的研究报告上批示:"知识经济、创新意识对我们二十一世纪的发展至关重要。"当前,城市国际竞争力日趋激烈,软实力的地位和意义日益凸显。2004年9月15日,在北京召开的中国城市论坛峰会发布了《中国城市"十一五"核心问题研究报告》。该报告指出：在"十五"期间，我国城市竞争将进入以软实力为标志的新阶段；在城市软实力中，科技是基础，文化是关键，生态是核心。①随着科技的迅猛发展，国家和城市的竞争力越来越受制于或仰仗于科技，而科技的根基又在于大学。

2005年，在复旦大学举行的大学校长论坛上，世界各国大学校长围绕"大学与城市互动"的主题论述了大学与城市互动合作的重要性。英国牛津大学校长约翰·胡德强调，城市是全球创新网络的中心，大学是城市的中心，创造和传播知识、培养人才，大学被鼓励与城市同心协力，共同致力于知识和技术转移，以及促进城市经济发展等问题。②2006年1月9日，胡锦涛同志在全国科技大会上明确提出，中国到2020年要进入世界创新型国家行列。建设创新型国家的重大战略确立后，北京、上海、广州、天津、南京、青岛等城市先后提出了"建设创新型城市"的战略目标，将提高自主创新能力作为城市今后发展的重要任务。创新型城市不仅是国家创新体系的关键环节，而且是区域创新体系的核心，具有较强的创新资源集成能力和综合配套能力。2006年2月7日，国务院发布的《国家中长期科学和技术发展规划纲要（2006—2020年）》（国发〔2005〕44号）明确指出，要加快各具特色的区域创新体系建设和创新型城市建设，将区域范围内的各类创新要素进行有效互动、优化和统筹协调，形成充满活力的区域创新体系，有效推进国家创新体系建设。2006年3月14日，第十届全国人民代表大会第四次会议批准通过的《中华人民共和国国民经济和社会发展的第十一个五年规划纲要》中明确提出："把科技进步和创新作为经济社会发展的重要推动力……努力建设创新型国家和人力资本强国。"2006年6月，中国高等教育学会在天津召开了"建设创新型国家和中国高等教育的改革和发展"的高等教育国际论坛。在这次论坛中，徐益能、米红在《创新型城市的高等教育发展与政策研究——以深圳为例》中提出：创新型国家并不是每个地方都要创新，而是通过某几个点率先创新，再形成线、面，带动整体国家的创新；城市是国家创新的主要策源地，一个国家的创新需要通过某些城市的创

---

① 北京国际城市发展研究院.中国城市"十一五"核心问题研究报告（上、中、下）[M].北京：中国时代经济出版社，2004.

② 约翰·胡德，邵常盈.大学对城市的影响[J].复旦教育论坛，2005（06）：17-19.

9

新来体现。①2006年7月15日，首届中国建设创新型城市市长峰会在北京举行，会上100多位市长就如何提高自主创新能力、加强创新型城市建设、提高城市竞争力等一系列理论问题展开探讨。该峰会认为大学正在成为城市创新的主力军，大学在建设创新型城市建设中发挥着重要作用。

基于国家有关政策的引导和社会现实需要的驱动，大学与创新型城市互动发展开始进入研究者的视野。2006—2009年是这一主题研究的萌芽和初级阶段，2010年以后便进入快速拓展和增长阶段。2010年1月6日，中华人民共和国国家发展和改革委员会发布了《国家发展改革委关于推进国家创新型城市试点工作的通知》，同意大连、青岛、厦门、沈阳、西安等16个城市，开展创建国家创新型城市试点，发挥教育尤其是大学之于城市创新体系建设的价值和作用。②自此，越来越多的研究者开始着力于大学与创新型城市研究，并逐步取得了一批研究成果。这些成果主要有三类：一是大学推进创新型城市建设的研究（表1）；二是大学与创新型城市建设的互动研究（表2）；三是大学与创意城市的研究（表3）。多数研究者倾向于从大学服务于城市社会的视角研究大学与创新型城市问题，只有少数学者从互动的视角研究大学与创新型城市问题。

表1　大学推进创新型城市建设的研究

年　份	主　题
2008	大学孵化功能开发与深圳创新型城市建设
2008	大学科技园引领宁波创新型城市建设
2008	大学推动创新型城市发展研究
2009	以大学为主导推动创新型城市发展研究
2010	大学推进创新型城市发展路径研究
2012	在杭高校推进创新型城市建设研究
2013	广西高校与创新型城市耦合分析
2016	研究型大学助推创新型城市建设的路径初探

---

① 徐益能，米红. 创新型城市的高等教育发展与政策研究——以深圳为例[A]. 建设创新型国家和中国高等教育的改革和发展——2006年高等教育国际论坛论文汇编[C]. 2006：79-85.

② 中华人民共和国国家发展和改革委员会. 国家发展改革委关于推进国家创新型城市试点工作的通知[R]. 2010.

表2 大学与创新型城市建设的互动研究

年 份	主 题
2010	大学发展与创新型城市建设的互动关系分析
2014	大学科技园孵化功能与创新型城市创建互动系统、机理及路径
2015	论创新型大学与创新型城市发展的良性互动
2016	"双创"视域下地方高校与创新型城市建设的互动

表3 大学与创意城市的研究

年 份	主 题
2006	创意城市与大学在城市中的作用
2007	创意城市与现代大学：从3T理论到三区联动
2008	以大学为依托的创意城市管理及其操作模式探讨
2008	以大学为依托的创意城市模式初探
2011	高校依托型创意城市的要素分析和实现途径
2012	创意城市建设与大学的作用
2015	大学与创意城市发展共生系统的建构

从研究方法看，这三类研究以理论研究为主。在大学推进创新型城市建设的研究中，主要研究了创新型城市的内涵、大学在创新型城市建设中的地位和功能；在大学与创新型城市建设的互动研究中，主要探讨了大学与创新型城市的互动关系、系统分析以及作用机理；在大学与创意城市的研究中，主要研究了大学在建设创意城市中的作用、大学与创意城市互动的理论、建立以大学为依托的创意城市模式，以及建构大学与创意城市发展的共生系统。

从研究层次看，学者的关注点更多地集中在宏观层面，重点探讨了大学在建设创意城市或创新型城市中的地位、功能，诸如单定方和陈昭锋的《大学孵化功能开发与深圳创新型城市建设》、张希胜等的《以大学为主导推动创新型城市发展研究》等研究成果，大多论述了大学是创新文化的聚集地和创新人才的汇聚地，大学的创新优势和人才优势使大学在创新型城市建设中发挥着不可替代的作用。而学者对中观和微观层面的研究还不多，代表性成果主要为赵清的《大学发展与创新型城市建设的互动关系分析》、房俊峰和谢姝琳的《大学科技园孵化功能与创新型城市创建互动系统、机理及路径》、王录梅的《论创新型大学与创新型城市发展的良性互动》、陆辉和陆雪纯的《"双创"视域下地方高校与创新型城市建设的互动》。这些成果对大学与城市创新体系之间的发展特点，以及大学与创新型城市的互动关系、互动路径和互动模式等的研究稍显不足。

3. 大学城与城市的研究

我国大学城的建设缘于20世纪90年代高等教育扩招，缘于各高等院校急需扩大校园面积的诉求。1999年，第三次全国教育工作会议作出了加快教育改革与发展的重要决定，全国各地开始了兴建大学城的热潮。随着大学城的建设，学者对大学城的研究迅速增多，主要表现在以下几个方面。

第一，大学城与城市发展研究。关于大学城与城市发展的研究分三类：一是大学城对城市发展的正面影响。这类研究包括大学城对城市经济、文化、社会生活、科技发展、城市化等方面的作用。例如，陆青的《大学城与城市新区发展》，田银生、宋海瑜的《大学城建设与城市发展》，花小丽、陈丽等的《大学城建设对南京城市功能的促动研究》，陆艺文、徐耀文的《大学城对城市发展的影响探究》等。二是大学城对城市发展的负面影响。这类研究揭示大学城在建设发展的过程中存在严重的土地资源浪费现象，大学城用地规划存在隐患，城市边缘区公共交通设施配套滞后，致使大学城与市区的联系不紧密、生态环境破坏等。例如，李元青、薛东前的《大学城与城市边缘区协调发展研究》，王思傲、阮骋的《大学城模式对城市发展负面影响的模糊综合评价》。三是大学城对城市发展的双面影响。例如，杨艳的《大学城与城市发展探析》探讨了大学城对城市发展的正面和负面影响。事实昭示，大学城的兴起、建设和发展给城市社会的经济、文化、科技等带来很多积极影响，但由于缺乏科学规划、有效管理和深度整合，其也给城市的发展带来一些不可忽视的问题。从研究体量看，大学城对城市积极影响的研究多于对负面影响的研究。

第二，大学城与城市发展的良性互动研究。这些研究主要聚焦于探讨大学城与城市发展之间的互动关系、相互作用、互动路径、互动模式等。例如，李峻峰的《大学城建设与城市可持续发展良性互动研究》，项振海、丁建平的《基于可持续发展的大学城建设与城市良性互动探析》，陈芬的《城市边缘区大学城建设与城市发展良性互动效应分析》，宋军的《大学城建设与城市发展的互动》等。这些研究对提高大学园区的管理水平、协调大学与区域经济社会的和谐发展、推进高等教育事业发展等具有重要意义。但是，这些研究对大学城与城市互动发展的理论阐述颇多，而对大学城与城市互动发展的模式、具体的大学城规划缺乏可操作性建议和措施。

第三，大学城的中外比较研究。这些研究通过介绍国外大学城的有关情况或成功经验，启示中国大学城的建设和发展。例如，冯增俊的《中外大学城与广州大学城的发展定位》，欧雪银、罗能生的《国外大学城的集聚经济效应分析机制分析》，许浩的《日本筑波大学城发展经验及其启示》等。国外大学城的成功经验在某方面会为中国大学城的建设和发展提供借鉴和参考，但由于国情、城情和大学发展水平等方面的差异，将国外大学城的经验运用到中国大学城可能会"水土不服"，国内大学城在学习和借鉴国外经验时要具体问题具体分析，不宜直接移植和照搬。

第四，大学城在城市中空间布局形态的演化研究。这些研究多数是就大学城而论大学城，鲜见大学城与城市空间的关联研究。例如，林瑾论述了杭州城市大学城空间结构的发展演变及其现状空间布局特征，探讨了杭州城市大学城的实体空间、空间组织机制、空间发展三个方面的变化和特征。杨森玲以长春大学城为例，讨论了在城市空间发展的变化过程中大学城空间布局的演化特征，分析了大学城区位转移过程中的原因、作用和原理。这些研究在论述大学城与城市的空间位置时，基本上是着眼于城市、政府、企业等外在因素对大学城区位变化的作用，鲜见从大学城的作用机理切入而研究大学城对城市空间结构的影响。

4. 大学与中心城市的研究

党的十一届三中全会以来，随着改革开放、搞活经济的推进，我国的经济建设和各项工作取得快速发展，各行各业显露出蓬勃生机，经济社会的建设与发展对各类专业技术人才和管理人才提出了新的需求，整个社会带有鲜明的"万事俱备，只缺人才"的态势。人才的获得不能只靠别人"输血"，还得靠自己"造血"，要想"聚钱财"，必须先"聚人才"，将人才培养纳入地方经济发展战略规划。1982年，党的十二大把教育列为全面开创社会主义现代化建设新局面的战略重点之一，城市经济和社会发展的客观现实，需要创办各种不同类型和层次的高校以提供人才支撑和智力支持。当时，一批具有战略眼光的学者和专家意识到大学对中心城市经济社会的发展至关重要，呼吁中心城市办大学。学术界最早提出中心城市办大学的是著名教育家、大连理工大学主要创始人屈伯川先生。1983年，屈伯川发表的《关于发展市办大学的探讨》提出，大力发展市管和市办的大学以适应现代化建设过程中不同地区对各种专门人才的需要。

为了尽快扭转教育同国民经济和社会发展不相适应的局面，调动各级政府办学的积极性以便更好地服务于经济建设，1985年国家颁布的《中共中央关于教育体制改革的决定》要求"采取多层次、多规格，各种形式，加速发展高等教育"，"实行中央、省（自治区、直辖市）、中心城市三级办学的体制"。事实上，《中共中央关于教育体制改革的决定》颁发之前，广东、辽宁、江苏等省的中心城市就创办了一批根植于本土需求的地方大学，如广东省的汕头大学、深圳大学、广州大学、五邑大学等在政策出台之前就已经创办。随后，一大批中心城市创办的大学如雨后春笋般涌现而出。

作为一种新生事物，中心城市创办大学激发了不少学者的研究兴趣。1987年，叶家康根据五邑大学的创办实践，发表了《从五邑大学的创办看中心城市办大学的几个问题》，提出中心城市创办大学的必要条件和可行性，以及中心城市办大学应解决的问题。1989年，李铨和左传勋在《中心城市地方大学联合办学的探讨》中指出了中心城市与地方大学联合办学的必要性和可行性，并且以成都市的大学为例进行解释和说明。1994年，《国务院关于〈中国教育改革和发展纲要〉的实施意见》中进一步指出："有条件的经济发展程度较高地区的中心城市办学，由中央和省两级政府统筹。"这一意见为中心城市办高校指明了方向，提供了政策保证。

为了适应经济的发展，广东省采取非常规发展方式，率先对中心城市办高等教育进行了理论和实践的探索，促进了一场"新大学运动"。正因为如此，国内20世纪90年代有关中心城市办大学的研究，主要聚焦于广东省中心城市办大学（表4），研究者也主要是广东省各高校多年从事高等教育研究且对广东省高校的现实情况相对熟悉的教育工作者。这些研究的内容涉及广东省中心城市办大学的历史背景、经验、问题、对策、命名、办学模式、办学特色、成就、启示、思考以及未来走向等。相对于20世纪80年代而言，研究内容更全面，理论更加成熟，中心城市办大学走向实践，形成了影响广泛的"广东模式"。

表4   20世纪90年代有关中心城市办大学的研究

年　份	主　题
1995	新大学运动——广东省中心城市办高等学校的经验、问题、对策
1996	中国新大学运动——广东中心城市新办院校研究
1996	"大学"之名与中心城市新办院校的发展
1997	论广东中心城市新办院校的特色与成就
1997	广东地方中心城市的大学教育现象与发展特性
1998	试论中心城市举办普通高等学校的回顾与思考
1999	略论广东省中心城市高等学校的发展

在"新大学运动"的推动下，我国各中心城市涌现了一批不同类型、不同层次的大学，成为部属、省属高校的重要补充，促进了我国高等教育的发展。这些中心城市创办的大学立足地方、面向地方、服务于地方，办出了各自的特色，成为当时我国高等教育领域引人瞩目的新生力量和两级办学的有益补充。进入21世纪后，中心城市大学不断走向成熟，关于中心城市与大学的研究也由"中心城市办大学"转向"中心城市大学"。

相对于20世纪90年代广东中心城市办大学的经验性总结来说，21世纪有关中心城市大学的理论研究更加成熟，更具有普适性、时代性和借鉴性。随着高等教育大众化的到来，大学定位不明确、同质化倾向严重、服务地方意识不强、地方性和特色性不鲜明等问题不断涌现，这与中心城市大学最初的办学宗旨——"地方大学地方办，地方大学为地方"相脱离。一些学者针对中心城市大学发展中的问题进行有关研究，譬如康宏的《对中心城市大学开展产学研合

绪

论

作的思考》、张元树的《中心城市高校的地位与办学模式研究》、谭仁杰的《中心城市高校的科学定位与新一轮发展》等对中心城市大学的科学定位、办学模式进行了新的探讨和探索。受高等教育国际化和全球化的影响，学者在研究中心城市大学时，不再局限于研究国内中心城市大学，而是开始研究国外城市大学的成功经验，通过中外比较研究寻找启示和借鉴，如刘楚佳的《美国地方院校的发展及对广东中心城市大学的启示》、马陆亭的《中心城市高等学校体系建设思考》等。中国的大学依城市而立，城市因大学而兴，城市品位和影响力在很大程度上都受到所在城市大学的影响，尤其是在今天国际竞争日益激烈的时代背景下，创办世界一流大学已经成为我国城市的未来抉择。有学者提出，加紧建设国家中心城市和世界一流大学，如王志强的《世界一流高等教育中心城市建设》、唐良智的《校依城而立，城因校而兴：共建国家中心城市与世界一流大学》等。

在终身教育以及远程开放教育思潮的影响下，一些继续教育、成人教育性质的大学受到重视并得到发展，中心城市大学的研究范围得到扩展，学者对中心城市不同类型的大学或高校进行了研究，如中心城市开放大学、电视大学、老年大学、本科院校、创业型大学、教学型大学等，产生了一些具有启迪意义的成果（表5）。

表5　中心城市各类型大学的研究

年　份	主　题
2005	中心城市开放大学教学过程管理模式初探
2006	中心城市电视大学可持续发展的对策
2008	创建高水平教学型大学推进区域性中心城市建设
2010	开放大学建设背景下中心城市电大办学模式创新
2011	发挥中心城市老年大学的龙头作用
2011	广东中心城市本科院校的转型与发展
2013	中心城市开放大学建设的几点思考
2014	中心城市电大学习中心建设研究

5. 大学与城市文化互动研究

我国学者对大学与城市文化关系的研究起步比较晚，最早见于1995年薛蓉发表的《高等教育参与城市文化建设的思考》。文章指出，高等教育参与城市文化建设具有高层次性、导向性和双重性，人才培养、科学研究以及社会服务是高等教育参与城市文化建设的主要形式。

党的十一届三中全会以前，我国的文化体制主要参考苏联模式。1979年，邓小平同志代表党中央在中国文学艺术工作者第四次代表大会上，提出了新时期我国文化艺术事业发展的一系列指导方针，为文化领域的体制改革指明了方向。1983年，国务院开始有计划、有步骤地部署文化体制改革。同时，高等教育也开始进行改革，大学与城市文化的研究并没有引起重视。2003年6月，文化体制改革试点工作开始启动，北京、上海、重庆、广东、浙江、深圳、沈阳、西安、丽江等9个综合性省市地区和35家单位被纳入试点范围。这次文化试点改革为城市文化发展指明了方向。作为实施高等教育的机构之一，大学智力集中，人才荟萃，设备和科研条件优越，这些为城市文化的丰富活跃、引导提高、变革更新提供了得天独厚的条件。

从2003年开始，学界逐步出现了一批关于大学与城市文化研究的成果。这些成果主要分为三类：第一类，大学或者大学文化对城市文化的影响和作用研究。其中，有一部分研究者专门论述和研究了大学图书馆对城市文化建设与发展的影响和作用。第二类，大学文化与城市文化互动的研究。第三类，大学文化与城市文化关系的研究。在这三类研究中，关于大学或大学文化对城市文化的影响和作用的研究占68%（关于大学图书馆在城市文化建设的作用的研究占22.5%），第二类研究占22%，第三类研究占10%。（见图1）由上面的数据可知，目前学者们对于大学与城市文化的研究主要集中在大学或大学文化对城市文化的作用和影响方面，而对于大学文化与城市文化互动以及两者之间的关系关注程度还很低。对于以上三类研究，研究者的研究也存在着重叠现象，任何一种研究都会涉及另外两类研究中的点，换言之，在大学与城市文化互动的研究中会涉及大学文化与城市文化关系研究、大学文化对城市文化的影响方面的研究，在大学文化与城市文化关系研究中也涉及对大学对城市文化的作用研究、大学文化与城市文化互动研究，在大学或大学文化对城市文化的影响研究中也涉及对两者的关系、两者互动的研究。

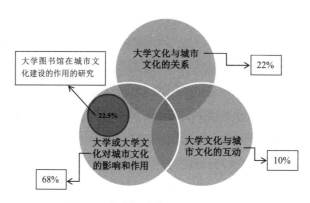

图1.1　大学与城市文化研究分布图

这三类研究有共同的研究点，多数包含对大学文化和城市文化的内涵、特性、功能等研究内容。例如，李峰的《发挥高校文化在锦州城市文化建设中的引领作用》既论述了高校文化与城市文化的关系，也论述了高校文化对城市文化的引领作用。杨玉新的《大学在城市文化发展中的作用》既论述了大学与城市文化发展的关系，也论述了大学在推进城市文化建设中的作用。陈素文的《略论大学文化与城市文化互动发展—以福建师范大学福清分校为例》既论述了大学文化与城市文化相融相生的耦合关系，也论述了大学文化与城市文化互动的路径选择。孙雷的《论大学文化与城市文化的互动》既阐述了大学文化与城市文化相融相生、共存共荣的互动关系，也阐述了城市文化在沉淀和培育大学文化形成、大学文化在反哺和推动城市文化发展中的作用。

（三）研究述评与研究空间

根据国内外研究动态，可以发现关于大学与城市的研究还存在着诸多不足。正是这些不足之处，为本研究提供了进一步探究的空间。

1. 研究述评

根据国内外研究动态，本研究认为大学与城市互动的研究在研究内容、研究视角、研究方法以及研究对象方面还存在着不足。主要表征如下：

从研究内容来看，现有的研究成果中关于大学与城市文化互动的研究相对较少。总体来看，目前国内外专家、学者对于大学与城市互动的研究主要聚焦于大学与城市互动的历史、大学与社区的互动、大学与城市关系、大学与城市经济、大学与创新型城市、大学城与城市、大学与中心城市、大学与城市文化互动等方面。但是，从研究成果的数量来看，大学与城市文化互动的研究还相对较少，这也将成为本研究的主要内容。不仅如此，现有研究成果主要聚焦于大学或大学文化在城市文化建设中的地位、作用和影响方面的研究，而关于城市文化对大学（或大学文化）的功能、作用、影响以及两者的特殊关系、互动、可持续发展、文化产业研究较少，而且提供的论据大同小异，多数局限于阐述大学对城市文化的引导、辐射、创新、城市形象、育人等的作用，成果缺乏创新性。这在研究内容上为本研究提供了研究空间。

从研究视角来看，现有的研究成果中缺少从共同体的视角对大学与城市文化进行专门且系统的研究。大学与城市是一个相互影响、相互作用的互利共生的利益共同体，尽管现有的研究成果已经认识到大学与城市之间的共生关系，并且在研究过程中零星散落着共同体的思想，但是尚未明确提出共同体视角，也缺少从共同体视角对大学与城市文化互动进行专门且系统的研究。这在研究视角上为本研究提供了研究空间。

从研究方法来看，以定性研究为主，缺少量化研究。目前关于大学与城市互动的研究成果，主要采用定性的研究方法，譬如案例研究法、访谈法、历史研究法等，单一的定性研究方法只能从某一个方面形成对大学与城市互动情况的认识。缺少量化的研究，尚且无法对大学与城市互动全貌形成科学的认识。这在研究方法上为本研究提供了研究空间。

从研究对象来看，现有的研究成果中对于少数民族地区大学与城市文化互动的研究成果相对较少。目前学者们在大学与城市文化互动的研究对象选取上，主要是以非少数民族地区为主，尤其是发达地区的大学与城市，而关于少数民族地区的大学与城市文化互动的研究成果很少。这在研究对象上为本研究提供了研究空间。

2. 研究空间

综上而言，本研究将聚焦于以下几个方面：在研究内容上，本研究将聚焦于大学与城市文化互动这一研究主题；在研究视角上，本研究将从共同体视角出发，探究大学与城市文化互动相关的命题；在研究方法上，本研究将采用定性研究与定量研究相结合的方法探究大学与城市文化互动相关的命题；在研究对象上，本研究将会选择以壮族文化的发祥地百色市为例研究大学与城市文化互动相关的命题。

五、研究方法

（一）文献研究法

文献研究法是根据研究主题通过搜集、鉴别、整理和研究文献，形成对事实的科学认识的一种研究方法，尤其适用于对历史演进全过程的梳理、对研究对象全貌的深入了解、对历史发展进程的环境分析等研究。本研究依托图书馆的书籍、报刊等纸质资源，知网、万方、维普、超星、读秀等电子数据库以及公共网络资源，将搜集到的文献进行整理和分析，用于探究本研究的核心概念以及理论基础，探究中国、欧洲、美国大学与城市互动发展的历史演变过程等，为本研究提供支撑。

（二）访谈法

"访谈"是一种研究性交谈，是研究者通过与被研究者进行口头交流，达到收集第一手资料目的的研究方法。半开放性访谈是访谈法的一种类型。这种访谈方式一方面可以帮助研究者在一定程度上控制访谈节奏和内容，使得研究者能够围绕事先设计的访谈提纲进行访谈，另一方面又赋予了受访者一定的主体性和自由表达的空间，激励他们积极参与。本研究采用半开放性访谈的方法，以百色学院的领导、各部门负责人、老师等为访谈对象，采用一对一、面对面、问答的方式就有关大学与城市文化互动的关系进行了访谈，深入了解了不同部门的教师对于百色市大学与城市文化互动关系的观点和看法，然后对访谈资料进行整理，分析百色市大学与城市文化互动的现状、成效以及相互关系。

（三）问卷调查法

问卷调查法是社会调查研究中最为广泛的资料收集方法之一。问卷调查法是调查者通过设计研究问题，对研究的问题进行控制式的测量，从而收集到有效资料的方法。本研究以百色学院的大学生为研究样本，采取随机发放的方式，编制大学生对百色城市文化认识程度的调查问卷，了解百色市大学生对百色城市文化的认识程度，然后对回收的问卷进行统计和分析，探究百色市大学与城市文化互动的成效，并将此作为百色市大学与城市文化互动的研究成果之一。

（四）案例研究法

案例研究法就是选取具有典型性、代表性的案例加以分析，并且运用访谈资料、问卷调查等加以佐证，提高论文整体的说服力。本研究主要选取了百色学院与百色市为研究对象，分析百色学院与百色城市文化互动的现状、成效、互利共生关系以及存在的问题，在此基础上对大学与城市文化互动进行"三维"思考并提出推进两者良性互动的有效路径，从而推动大学与城市文化互动走向可持续发展。

六、概念界定

（一）大学

"大学"是一个动态的概念。随着大学的产生与发展，大学的内部结构不断被调整，外部功能不断被丰富，因而其概念也不断被重新定义。

真正意义上的大学起源于欧洲中世纪。"大学"一词来源于拉丁文"universitas"。"universitas"在12—14世纪被广泛使用，用于表示一些合作性的社团和法人，如手艺人行会、自治团体以及教师行会或学生行会。一直到14世纪末期和15世纪时，"universitas"这个词才逐渐被专门称为"学术团体"，与大学有了特定的联系，如"学生大学"或"教师与学生大学"。正如博伊德和金所说的那样："按'大学'一词的原意只不过是为了互助和保护的目的仿照手艺人行会（gild）的方式组成的教师或学生的团体（或协会）。"[1]西方学者对中世纪以来的"大学"概念有如下几种解读：

---

[1] [英]威廉·博伊德、埃德蒙·金.西方教育史[M].任宝祥、吴元训，译.北京：人民教育出版社，1985：137.

第一，大学是学者的社团。中世纪以后，教育家们接受了大学是学者的社团这一命题。譬如雅斯贝尔斯在其《大学的理念》中指出："大学是一个由学者和学生共同组成的追求真理的社团。"①美国教育学者赫钦斯也继承了此观点，在《学习化社会》中指出："大学是人格完整的象征、保存文明的机构和探求学术的社团。"②

第二，大学是探索和传授普遍学问的场所。中世纪大学在产生时的正式称呼是"studium generale"，意指探索普遍学问的机构。这一理念也为后世广泛接受。19世纪英国教育家纽曼（Newman）在他的《大学的理念》一书中将大学描述为"一个普遍传授知识的地方"③。赫胥黎（Huxley）也持这种观点，他认为："理想的大学应该是个学术思想不受任何束缚的地方，是个能使所有的入学者获得所有的知识和掌握所有学习工具的地方，而不管这个人的信仰、国籍和贫富如何……大学，指的是一个有关普遍知识的团体。"④卡尔·雅斯贝尔斯（Karl Jaspers）在《什么是教育》中也认为："大学是研究和传授科学的殿堂，是教育新人成长的世界，是个体之间富有生命的交往，是学术勃发的世界。"⑤

第三，大学是探索和传播高深学问的机构。在历史上，大学（studium generale）由"学馆"发展而来，大学是探索和传播普遍的高深学问的机构，而学馆则是探索和传播某一方面的高深学问的学校。洪堡是较早阐述这种理念的教育家，他指出："大学是高等学术机构，总是把科学当作一个没有完全解决的难题来对待，它因此也总是处于研究探索之中。"⑥弗莱克斯纳（Flexner）是这一理念的继承者，他指出："大学是学问的中心，致力于保存知识，增进系统的知识，并在中学之上培养人才。"⑦美国当代著名高等教育家布鲁贝克

---

① Brooks Mather Kelly.Yale:A history[M]. New Haven：Yale University Press，1974：4.

② Brooks Mather Kelly.Yale:A history[M]. New Haven：Yale University Press，1974：55.

③ [英]约翰·亨利·纽曼. 大学的理想[M]. 徐辉，顾建新，何曙荣，译. 杭州：浙江教育出版社，2001：12.

④ [英]托马斯·亨利·赫胥黎. 科学与教育[M]. 单中惠，平波，译. 北京：人民教育出版社，1990：129.

⑤ [德]卡尔·雅斯贝尔斯.什么是教育[M]. 邹进，译. 北京：生活·读书·新知三联书店，1991：150.

⑥ Richard C. Levin. The University as an Engine of Economic Growth[M]. Beijing：Tsinghua University Press，2001.

⑦ A. Bartlett Giamatti. A Free and Ordered Space：The Real World of the University[M]. New York：W. W. Norton and Company，1988：125.

（Brubaker）在《高等教育哲学》的开篇中就提出"高深学问"，指出："高等教育与中等、初等教育的主要差别在于教材的不同：高等教育研究高深的学问。"他还进一步指出："高深学问是处于已知与未知之间的交界处，或者虽然已知，但由于它们过于深奥神秘，常人的才智难以把握。"① 虽然布鲁贝克未将大学与高等教育画上等号，但他全篇谈的是大学而非学院。

第四，大学是社会的服务站。19世纪之前，大学处于社会的边缘，但是进入20世纪以来，大学在社会的地位日益重要，承担的社会责任也越来越多，逐渐成为社会的中心，被喻为社会的"服务站"。美国著名教育家克拉克·克尔（Clark Kerr）认为，知识已日渐成为今日社会的中心，而大学作为知识的生产与传播者，不可避免地要为现今社会服务。正如他在其著作《大学之用》一书中所说："对大学来说，基本的现实就是广泛承认新知识是经济和社会发展的最重要因素。我们正在察觉到：大学的无形产品——知识可以是我们文化中唯一最强大的因素，它影响各种职业，甚至社会阶级、地区和国家的兴衰。由于这一基本现实，大学正在前所未有地被要求生产知识来满足公民和地区的目的，满足国家的目的，甚至根本不管什么目的，就是相信大部分知识最终都可以为人类服务。"②

第五，大学是一个统一的有机体或多元巨型组织。大学到底是一个有着同一目的和使命的统一有机体还是有着多元目的和使命的复杂系统，有两种比较典型的观点。一种是以弗莱克斯纳为代表，认为大学是一个有机体。弗莱克斯纳认为："大学是由相同的理念或理想，而非由于行政力量，所形成的富有生命力的有机体。"③ 另一种是克拉克·克尔提出的"多元化巨型大学"概念，他指出："现代大学是一种'多元的'机构——在若干种意义上的多元：它有若干个目标，不是一个；它有若干个权力中心，不是一个；它为若干种顾客服务，不是一种。它标志着为多种市场服务和关心大众。应当称它为多元大学……或叫其他一些名称。"④

① [美]约翰·布鲁贝克.高等教育哲学[M].王承绪，译.杭州：浙江教育出版社，1998：2.
② [美]克拉克·克尔.大学之用[M].高铦，高戈，汐汐，译.5版.北京：北京大学出版社，2018：1.
③ Abraham Flexner. Universities：American，English，German[M]. Oxford：Oxford University Press，1930：231.
④ [美]克拉克·克尔.大学的功用[M].陈学飞，陈恢钦，周京，等译.南昌：江西教育出版社，1993：96.

综上而言，上述关于"大学是什么"的探寻，遵循了大学自身发展的内在理路和社会发展的外在需求。现代大学的发展既是对传统大学理念的传承，又是不断适应外在社会需求的结果。正如阿什比（Ashby）所言，"大学像一个有机体，是遗传和环境的产物"①，遗传与环境是构成大学发展的内在与外在逻辑的两个基本方面。因此，在探寻大学本质的时候，既要遵循大学的内在发展逻辑与理路，又要考虑到社会发展对大学的要求，从整体上把握大学的本质。

国内学者对大学的界定，有的学者借鉴西方学者，从大学的本质层面定义大学，譬如有学者认为大学"是学术殿堂，它研究高深学问，发展和传授知识；大学是专业教育机构，它实施高等专业教育计划，培养专家和专门人才；大学是社会服务机构，它介入地区和国家的社会生活和经济生活，并为之服务；大学是岗位培训站，它通过各种形式的教育和教学，培训各类职业岗位的人员，使他们能够胜任本职工作或适应工种的变换"②。而有的学者则从大学的外延层面定义大学，譬如有学者认为在我国的高等教育发展史上，大学总结起来一共有四种意思，即成人终身教育、"大人"教育、大学问、大学校。他又主要从"学问"和"学校"两个方面进行解释：把"学问"解释为大学问或者成年人学习研修的各种知识，这主要源于古代思想家们把大学阐述为博大的学问或修养，认为"大学"是一种"修身、齐家、治国、平天下"的大学问；把"学校"解释为承担高等教育的学校，这时的大学理解有广义和狭义之分：广义的"大学"是泛指各种高等学校。狭义的大学指高等学校的一种。③有学者认为："大学是指实施高等教育的机构中那些综合性、多学科的、正规的高等学校，主要实施本科及本科以上层次的全日制高等教育。"④大学"是由多门学科、多种专业组合而成的实施高等教育的一类学校。大学一般分为综合大学、专科大学、专门学院和短期职业大学。有的还设有研究生院（部）。少数大学设有博士后研究机构。大学招生对象为高中毕业生或同等学历者，培养各类高级专门人才"⑤。这种从大学的外延来定义大学的方式，主要是对大学进行了分

① [英]阿什比.科技发达时代的大学教育[M].滕大春，滕大生，译.北京：人民教育出版社，1983：114.
② 杜作润.世界著名大学概览[M].成都：四川人民出版社，1994：7.
③ 涂又光.中国高等教育史论[M].武汉：湖北教育出版社，2003：23.
④ 张澜，温松岩."高等教育"和"大学"概念的界定与分析[J].辽宁高等教育研究，1995（04）：67-70.
⑤ 张焕庭.教育词典[M].南京：江苏教育出版社，1989：25.

类，指出大学的范围。

事实上，一个完整的概念应该是内涵与外延的有机统一，内涵主要从质的方面去定义，而外延主要是从量的方面去定义。在本研究中，从内涵层面来看，大学本质上是指集传播高深学问、培养专门人才、服务于社会于一体的专门机构；从外延层面来看，大学主要泛指各种类型的高校，是广义层面的大学。

（二）城市文化

城市文化是人类文化的一种特殊形态，是人类文化发展到一定阶段的结果。因此，研究城市文化，需要从一般的人类文化的理解开始。

关于"文化"的定义有很多种，总体来看，分为广义和狭义两种基本的界定方式。一般狭义的界定方式主要是将文化限定在精神领域，而广义的界定方式则包括了人类通过后天学习所掌握的各种思想和技巧，以及用这种思想和技巧创造出来的物质文明和制度文明。第一个全面而明确地对"文化"进行界定的是英国人类学家爱德华·泰勒（Edward Taylor），他在《原始文化》著作中曾明确地指出："文化或文明，就其广泛的民族学意义来讲，是一个复合整体，包括知识、信仰、艺术、道德、法律、习俗以及作为一个社会成员的人所掌握和接受的任何其他的才能和习惯的复合体。"[①]而英国的社会人类学大师马林诺夫斯基（Malinowski）则在泰勒的基础上给文化增加了物质部分的内容，认为文化既包含着像器物、房屋、船只、工具以及武器等这样最易明白、最易捉摸的物质设备，又包含了种种知识，道德上、精神上及经济上的价值体系，社会组织的方式、语言等这些可以总称作精神方面的文化。他还特别指出，说话是人体的一种习惯，所以，"语言是文化整体中的一部分，但是它并不是一个工具的体系，而是一套发音的风俗及精神文化的一部分"，而社会组织却是"物质设备及人体习惯的混合复体，不能和它的物质或精神基础相分离"。[②]可见，文化是指任何社会的全部生活方式。全部生活方式通常包括两个部分，即物质生活方式和精神生活方式。其中，物质生活方式包括人们的衣、食、住、行、娱乐、工作等实际方式；精神生活方式包括信仰结构、价值结构和规范

---

① [英]爱德华·泰勒.原始文化[M].蔡江浓，译.杭州：浙江人民出版社，1988：1.
② [英]马林诺夫斯基.文化论[M].费孝通，译.北京：中国民间文艺出版社，1987：2.

（习俗、道德、法律）结构。美国人类文化学家莱斯利·A.怀特（Leslie Alvin White）在广义层面对文化进行了界定，他认为文化是由实物（工具、器皿、装饰品、护身符等）、行为、信仰和态度所组成的，它们都通过符号而发挥作用。①《中国大百科全书》（哲学卷）中对"文化"的解释有广义和狭义之分：广义的文化包括人类的物质生产和精神生产的能力、物质的和精神的全部产品；狭义的文化主要指精神生产能力和精神产品。②广义界定的一个突出特点就是同时兼顾文化的物质、制度、精神、行为等方面。相对于狭义的文化界定，广义的界定更具有包容性，更符合我们要研究的对象。

由于不同的学者对"城市文化"有不同的界定，与"文化"这一概念相类似，"城市文化"目前也尚未形成一个完全准确的范畴。关于城市文化的内涵，不同的学者从各自研究的领域出发作出了不同的解释。学者张丽堂认为，城市文化是社会大文化的区域性概念，其内涵与社会大文化在本质上是一致的。在《市政学》一书中，张丽堂依据文化人类学的文化概念（即大文化概念），给"城市文化"（他称之为"都市文化"）下了这样的定义："都市文化，系人类生活于都市社会组织中，所具有的知识、信仰、艺术、道德、法律、风俗和一切都市社会所获得的任何能力及习惯。"③学者任平在《时尚与冲突——城市文化结构与功能新论》一书中指出：虽然城市文化作为人类文化发展的高级形态，比原始文化具有无比的丰富性，但是现代城市文化概念的基本结构仍然是同一的；城市文化不过就是城市人格的表现，城市是人格化的主题空间，它映射着民族的、时代的与人格的光辉，是宗教的、哲学的、道德的、审美的等文化的集中表现。④秦启文指出，城市文化是生活在城市区域内的人们在改造自然、社会和自我的对象化活动中，所共同创造的行为方式、组织结构和道德规范，以及这种活动所形成的具有地域性的典章制度、观念形态、知识体系、风俗习惯、心理状态、技术和艺术成果。郑卫民认为城市文化是人们在城市中创造的物质财富和精神财富的总和，是城市人群生存状况、行为方式、精神特征及城

---

① 郑云斌.中国城市发展若干问题研究[M].厦门：厦门大学出版社，2006：168.

② 胡乔木.中国大百科全书[M].北京：中国大百科全书出版社，1993：924.

③ 张丽堂，唐学斌.市政学[M].台北：五南图书出版公司，1983：69.

④ 任平.时尚与冲突——城市文化结构与功能新论[M].南京：东南大学出版社，2000：7.

市风貌的总体形态。①

"文化"与"城市"这两个既不相同又如影随形的概念，在历史的长河中的关系越来越亲密。作为文化下位概念的城市文化，自然会带有文化的基本特征和基本属性。尽管学者们对于城市文化的界定不尽相同，但是绝大多数学者都同意其有狭义和广义之分：狭义的城市文化主要是指城市中的意识形态、知识形态等方面的精神财富②；广义的城市文化是指人类在城市发展过程中所创造的物质财富与精神财富的总和。城市是一个多重文化的共存体，城市文化是一个具有多维度、多元化的复杂结构，具有包容性和多元性，正如加拿大学者A. J. 雅各布斯（A. J. Jacobs）所言："多样性是城市的天性，城市的多样性，不管是什么样的，都与一个事实有关，即城市拥有众多人口，人们的兴趣、品位、需求、感觉和偏好五花八门、千姿百态。"③不同的城市之间之所以具有区别，最根本的差异就在于每个城市所具有的城市文化不同。城市文化是强调城市内在价值的、能够体现城市特征的文化，城市文化作为一种价值范畴内概念，应该是内涵于城市本身的并且鲜明地反映城市特点的文化，是精神层次和物质层次的统一体。城市文化既是物质文化、精神文化的统一体，也是社会历史文化与自然地理文化的集合体。本研究所研究的城市文化是广义层面的大文化概念，是指城市生活中人与人、自然以及社会的集中体现，是城市居民所创造的适应城市特点和需要的生活方式、风俗习惯、社会环境等方面的总和，是在更高的社会层面上展示历史、现在和未来的城市生活的方方面面，是城市社会成员所创造的物质财富和精神财富的总和。

---

① 郑卫民. 试论城市文化与城市现代化[J]. 湖南社会科学，2005（03）：119-121.

② 宫天文. 我国城市文化建设问题与对策研究[D]. 济南：山东大学，2010.

③ [加拿大]简·雅各布斯. 美国大城市的生与死[M]. 金衡山，译. 南京：译林出版社，2005：143.

第一章
大学与城市互动的价值旨归

大学自产生之日起，就与城市形成了互动关系。在西方国家，有一些大学本身就是城市最重要的组成部分，形成所谓的"大学城"。比如，牛津大学与牛津、剑桥大学与剑桥、海德堡大学与海德堡、哥根廷大学与哥根廷等。加州大学的前校长克拉克·克尔从另一个角度描述了大学与城市的关系。他认为，如果把传统大学看作"一个居住僧侣的村庄"，现代大学就是"一座由知识分子垄断的工业城镇"，而多元化巨型大学则是"一座充满无穷变化的城市"。①在某种意义上可以说，一部大学发展史就是一部大学与城市互动发展的历史。现代大学与城市的关系，是一种水乳交融的共生关系。本研究认为大学与城市互动走向交融是因为两者有共同的、共通的理论上的基本点。

一、共同体理论

（一）西方学界共同体思想

"共同体"是学术界提出来的一个分析性概念，其内涵丰富但同时也颇有争议，当今广泛应用于哲学、民族学、政治学、社会学等不同学科的研究领域。对"共同体"一词进行追溯发现，它源于古希腊语"koinonia"，意指城邦共同体。亚里士多德在《政治学》一书中首提"共同体"，指出："所有城邦都是某种共同体，所有共同体都是为着某种善而建立的。"②亚里士多德所说的"共同体"即城邦共同体，是一种早期的国家形态。在欧洲历史发展进程中，大致经历"古希腊的城邦共同体、基督教的神的共同体、世俗国家的王的共同

---

① [美]克拉克·克尔.大学的功用[M].陈学飞，陈恢钦，周京，等译.南昌：江西教育出版社，1993：26.
② 颜一.亚里士多德选集（政治学卷）[M].北京：中国人民大学出版社，1999：3.

体、文艺复兴时期的市民共同体，及至启蒙运动以来的契约共同体，共同构成了西方社会在共同体实践上绵延不断的历史脉络"①。此后，学者们对共同体概念及理论进行多角度阐述，其中，斐迪南·滕尼斯（Ferdinad Tonnies）、涂尔干、齐格蒙特·鲍曼（Zygmunt Bauman）、马克思的观点颇具代表性。

1. 滕尼斯的共同体思想

德国著名现代社会学家斐迪南·滕尼斯在其经典著作《共同体与社会》中，用"共同体"与"社会"这两个概念指涉了人类历史不同的生存、生活形态。通过与"社会"进行对比，滕尼斯阐明了"共同体"的特质。在滕尼斯的理论中，共同体与社会的区别主要有：第一，共同体是基于人的本能或自然情感、传统习惯、共同记忆等本质意志，而社会是基于人的深思熟虑、精打细算等选择意志，亦即以个人优先于整体、以自我为目的的理性计算和趋利避害、视他者为手段的工具价值为条件的联合。第二，"共同体本身应该被理解为一种生机勃勃的有机体，而社会则应该被理解为一种机械的聚合和人工制品"②。第三，共同体是亲密、单纯的生活，共同体的成员之间有"默认一致"的东西。"它就是把人作为一个整体的成员团结在一起的特殊力量。"③"默认一致是对于一切真正的共同生活、共同居住和共同工作的内在本质和真实情况的最简单的表示。"④"共同体的生活是相互的占有和享受，是占有和享受共同的财产"⑤，以整体为本位。而"在社会里，行动的发生与其说是为了与个人结合的人们，不如说是为了他自己。在这里，人人为己，人人都处于同一切其他人的紧张状况之中……没有人会为别的人做点儿什么，贡献点儿什么，没有人会给别人赏赐什么，给予什么……"⑥"共同体是持久的和真正的共同生活，社会

---

① 吴志成，吴宇. 人类命运共同体思想论析[J]. 世界经济与政治，2018（3）：4-33.
② [德]斐迪南·滕尼斯. 共同体与社会——纯粹社会学的基本概念[M]. 林荣远，译. 北京：商务印书馆，1999：52.
③ [德]斐迪南·滕尼斯. 共同体与社会——纯粹社会学的基本概念[M]. 林荣远，译. 北京：商务印书馆，1999：55.
④ [德]斐迪南·滕尼斯. 共同体与社会——纯粹社会学的基本概念[M]. 林荣远，译. 北京：商务印书馆，1999：74.
⑤ [德]斐迪南·滕尼斯. 共同体与社会——纯粹社会学的基本概念[M]. 林荣远，译. 北京：商务印书馆，1999：76.
⑥ [德]斐迪南·滕尼斯. 共同体与社会——纯粹社会学的基本概念[M]. 林荣远，译. 北京：商务印书馆，1999：95.

只不过是一种暂时的和表面的共同生活。"①第四，"人们在共同体里，与同伙一起，从出生之时起，就休戚与共、同甘共苦。人们走入社会，如同走入异国他乡。青年们被告诫，别上坏的社会的当，而说坏的共同体却是违背语言的含义的"②。第五，"共同体是古老的，社会是新的，不管是作为事实还是名称，皆是如此"。③滕尼斯认为共同体最初的形式是血缘共同体，之后陆续发展为地缘共同体和精神共同体，而精神共同体是"真正的人和最高形式的共同体"。事实上，在滕尼斯看来，共同体显然不是一群为了共同利益而聚集在一起的个人。个人只是由于生活在特定社群中，才逐渐形成了共同利益的观念。因此，与社团或社会不同，共同体的主要标志不是契约和利益，而是人们的出身、地位、习惯和认同。随着"社会"的到来，共同体逐渐衰落了。

2. 涂尔干的共同体思想

相比于滕尼斯，法国社会学家涂尔干在共同体的研究途径上更加明确，范围也更加集中。与滕尼斯提出的基于传统农村或小群体的、人们之间关系密切的共同体相区别，涂尔干在其1893年发表的《社会分工论》中使用"机械团结"与"有机团结"来表述他的共同体思想。涂尔干的社会团结理论是建立在社会分工理论基础上的，他所提出的"机械团结"是"个人不带任何中介地直接系属于社会"。这种"机械团结"存在于社会分工还不发达的社会、古代社会和工业程度较低的社会。此时，社会成员具有共同的信仰、价值观念，属于集体类型。与之相对的"有机团结"则代表了个人人格。"有机团结"理论是随着社会分工的发展，社会中个体的差异逐渐显现，价值追求与宗教信仰也日益多元化而产生和发展的。在此形态社会中，社会个体既是独立的，又不脱离整体，成员作为不同的个体为社会整体服务。这种"有机团结"社会多存在于近代社会或发达的社会。涂尔干曾说道："在第一种意识里，我们与我们的群体完全是共同的，因此我们根本没有自己，而只是社会在我们之中生存和活动；

---

① [德]斐迪南·滕尼斯. 共同体与社会——纯粹社会学的基本概念[M]. 林荣远，译. 北京：商务印书馆，1999：54.

② [德]斐迪南·滕尼斯. 共同体与社会——纯粹社会学的基本概念[M]. 林荣远，译. 北京：商务印书馆，1999：53.

③ 同上。

相反，第二种意识却把我们的人格和特征表现出来，使我们变成了个人。"①

3. 鲍曼的共同体思想

后现代主义者鲍曼对共同体的定义较滕尼斯相比更为宽泛。鲍曼是在滕尼斯的意义上把"共同体"视为一个象征着安全、和谐的有机体。他认为：共同体是家的感觉，它像壁炉可以温暖你的手，是温馨的生活体，共同体的人们以兄弟般的情谊相互依靠；共同体一直是一个象征着互助、和谐和信任的褒义词，其本质是传递出一种安全、愉悦和令人神往的满足感，意味着怀念一种传统的稳定生活，或者渴望重新拥有一个团结和谐的世界。②在鲍曼看来，共同体带有某些乌托邦的色彩，这是一个温暖舒适的场所、一个温馨的"家"。只有美好的东西，而没有任何的争执、异议与迷惑。在共同体中，人与人之间完全相互信任、相互理解，而且相互依靠。然而，这样的共同体只存在于想象中，不是一个已经获得和享受的世界，而是一个我们热切希望栖息、希望重新拥有的世界。这是一个失去了的天堂，或者说是一个人们还希望能找到的天堂。同时，其在书中还提出，要成为共同体中的一员，就要付出代价。共同体体现了安全感，但同时也剥夺了我们的自由。确定性和自由是两种同样珍贵和令人渴望的东西，它们可以或好或坏地获得平衡，但不可能永远和谐一致。确定性和自由、共同体和个体之间的冲突，永远也不可能解决。但我们可以对存在的机遇和危险作出评估，至少可以避免重蹈覆辙。针对共同体的本质，鲍曼说道："如果说在这个个体的世界上存在着共同体的话，那它只可能是（而且必须是）一个用相互的、共同的关心编织起来的共同体；只可能是一个由做人的平等权利和对根据这一权利行动的平等能力的关注与责任编织起来的共同体。"③

4. 马克思的共同体思想

虽然不同的学者对于共同体的界定各不相同，但总体来说，他们都认为共同体是一个成员共同认同的，拥有共同价值、规范和目标的有机整体，并将共同体视为"善"与"美"的代名词，用"共同体"这一概念表示人们之间关爱

---

① [法]埃米尔·涂尔干.社会分工论[M].渠东，译.北京：生活·读书·新知三联书店，2000：89-91.

② [英]齐格蒙特·鲍曼.共同体[M].欧阳景根，译.南京：江苏人民出版社，2003：2.

③ [英]齐格蒙特·鲍曼.共同体[M].欧阳景根，译.南京：江苏人民出版社，2003：186.

的、依赖的、和谐的生活形态。与此不同，马克思的共同体思想充满了唯物历史和辩证的色彩。

马克思并未对他的共同体进行一个明确的界定。在马克思的理论中，一般意义上的"共同体"是人类在生存与发展过程中形成的一种集体、组织样态，既有小共同体，也有大共同体。"从形态上来说，包括原始群、氏族、家庭、部落、农村公社、国家、阶级、货币、资本甚至共产主义社会在内的诸多形式都涵盖在马克思的共同体范畴之内；从规模来说，小到家庭、大到社会都进入马克思的共同体视野；从发展阶段和表现来看，原始群、氏族、家庭、部落、农村公社等'自然形成的共同体'，货币、资本等'抽象共同体'，国家、阶级等'虚幻共同体'以及未来共产主义社会的'自由人联合体'都可以容纳进马克思的共同体范畴。"①

首先，马克思从人的本质和人的发展的角度来谈共同体，认为共同体是人得以存在和发展的基本条件，共同体是人存在的基本方式。马克思在《关于费尔巴哈的提纲》中明确指出："在现实性上，人是一切社会关系的总和。"②人既具有自然属性，也有社会属性，其中社会属性是人的本质属性。人总是处于一定的社会关系中，孤立、抽象的个人不存在，个人只有在集体或共同体中才能获得自己的生存与发展，人的社会性的深刻表现就是人生活于特定的共同体中，人最初的诞生、种族的繁衍和成长都是在自然共同体中进行的，而随着社会生产力的提高，人也在交往活动中不断拓展自己生存的共同体空间，从家庭、村社、社区到民族、国家，人的全面自由发展更离不开共同体。从人的自身来说，人的个性与能力是在与他人、与整个世界共处的过程中成长和发展起来的。与此同时，个人的自我发展和自我完善的程度如何，又在其与他人、与外部环境能否和谐共处中得到反映。正如马克思所说，"人的本质是人的真正的共同体"③，人的真正的共同体是人的生活本身，是人的物质生活和精神生活、人的道德、人的活动、人的享受、人的本质本身，人的共同体为人的真正

---

① 秦龙.马克思对"共同体"的探索[J].社会主义研究，2006（03）：10-13.

② [德]马克思，恩格斯.马克思恩格斯选集：第1卷[M].中共中央马克思恩格斯列宁斯大林著作编译局，译.北京：人民出版社，2012：135.

③ [德]马克思，恩格斯.马克思恩格斯全集：第3卷[M].中共中央马克思恩格斯列宁斯大林著作编译局，译.北京：人民出版社，2002：394.

自由和全面发展提供现实条件和可能。

其次，马克思认为生产力是共同体得以产生、发展、演进的根本动力。马克思的共同体思想是伴随着唯物史观一起发展的，充满了历史唯物主义的色彩。随着生产力的发展，共同体经历"自然共同体—虚假共同体—真实共同体"的变迁。自然共同体是人类最初的社会形态，是在生产力水平低下的情况下，人的发展处在"以人的依赖为基本特征"的第一阶段，个体缺乏独立性，依赖群体，"以群的联合力量和集体行动来弥补个体自卫能力的不足"①，基于土地关系和血缘关系而自然而然地形成，部落、氏族、家庭、村社是自然共同体的典型表现形式。随着生产力的不断进步，自然经济发展到商品经济阶段，社会实行生产资料私有制，出现了阶级、国家等，统治阶级往往把自己的利益说成是公共利益，给私人利益赋予普遍性的假象，使阶级、国家等成为"虚幻的共同体"。当社会化大生产高度发达，社会物质极大丰富，社会生产资料公有制普遍建立之后，阶级、国家自然消亡，虚幻共同体也失去了存在的基础，自由人联合体即真正的共同体出现。总而言之，从根本上说，共同体的形式是由生产力发展水平决定的，在一定的社会条件下，人们不能完全自由地选择共同体的形式。

最后，和大多数的共同体论者对共同体多为溢美之词不同，在马克思的眼里，共同体既是历史的，又是辩证的。人的全面自由发展是马克思共同体论的出发点和归宿。那些能够真正促进人的自由和发展的，被马克思称为"真正的共同体"，受到肯定和推崇，反之就是"虚幻的共同体"，受到马克思的批判。马克思一方面肯定了共同体对人的自由和发展的积极作用，另一方面也辩证地认识到不同时期的共同体、不同性质的共同体存在历史局限性。在人的发展处在"以人的依赖为基本特征"的第一阶段的自然经济时代，人们通过"自然共同体"的方式来生存具有历史的合理性，但由于受生产力水平的限制，共同体对人的需要的满足和价值的实现是很有限的，甚至还可能成为个人进一步发展的束缚，因为那时的个人只是"狭隘人群的附属物"，人格不独立，人被规制在某种或某几种自然领域。货币共同体使人走出了"对人的依赖"，但又进入

---

① [德]马克思，恩格斯. 马克思恩格斯选集：第4卷[M]. 中共中央马克思恩格斯列宁斯大林著作编译局，译. 北京：人民出版社，1972：29.

了"人对物的依赖"阶段，人与人的关系及人的生存与发展都通过货币来表现，主体在货币共同体中被全面异化；物成为异己于人的东西，对物、商品、资本、货币的崇拜遮蔽了人的关系和对人的尊重，取代了人的主体地位；资本家凭借资本力量的驱动，压迫和剥削工人，使人与人的关系异化；资本使得工人的劳动成为异己于自己的力量，造成劳动的异化。阶级、国家等"虚假共同体"是统治阶级利益的代表，维护的也只是统治阶级的利益，促进的也只有少数统治阶级成员的发展，而对于广大被统治阶级的权利、自由和发展则是虚幻的、束缚的，因此，它只是冒充的共同体、虚幻的共同体。而真正的共同体是"人与人之间相亲相爱，人植根于有爱和团体的联结而不是血缘和土地的束缚之中"①。真正共同体的核心问题就是实现人的彻底解放，使人成为"完整的人""真正的人""自由的人"，其本质上就是自由人的"联合体"，是"以每个人的全面而自由的发展为基本原则的社会形式"。真正的共同体是对自然共同体和虚幻共同体的积极扬弃，是通过人并且为了人而对人的本质的真正占有，"它是人和自然界之间，人和人之间的矛盾的真正解决"②。

如果我们从滕尼斯对共同体与社会的划分的基点来看马克思所指的共同体，那么称得上滕尼斯意义上的共同体应该包括宗教共同体，以及基于血缘和地缘关系形成的共同体，实际上这些都归属自然共同体的范畴。后来被马克思称为"虚幻的共同体"的阶级、国家和抽象共同体的货币、资本以及未来的真正的共同体的自由人的联合体，都是属于滕尼斯二分法意义上的"社会"。前者是本质意志选择的结果，并且早于后者，是有机的统一体，后者则是选择意志的产物，是机械的统一体。

纵观滕尼斯、涂尔干、鲍曼、马克思对共同体的论述，我们可以总结出共同体思想的要点：第一，共同体是个体得以生存与发展的基本方式。第二，共同性是共同体的基本属性。共同体的共同性既表现在共同体活动过程中，如共同劳动、共同生活、共同学习、共同创造等，也表现在共同体的内部关系和

---

① [德]马克思，恩格斯. 马克思恩格斯全集：第42卷[M]. 中共中央马克思恩格斯列宁斯大林著作编译局，译. 北京：人民出版社，1979：96.

② [德]马克思，恩格斯. 马克思恩格斯文集：第1卷[M]. 中共中央马克思恩格斯列宁斯大林著作编译局，译. 北京：人民出版社，2009：186.

内在属性上，如共同的历史传统、共同的心理与文化特质、共同的价值和信仰等。第三，公共利益是共同体存在的基础和价值取向，共同体以整体为本位，个人主义、利己主义与共同体的价值及理念相悖。第四，以共为一体的认同感和归属感为共同体的灵魂。共同体内部具有休戚与共、关心、信任、团结、友爱、互助、富有人情味等情感，共同体成员对共同体高度认同，自认为是整体的一部分，具有强烈的归属感。第五，真正的共同体是个体利益与集体利益的和谐统一，个体的各种需求通过共同体得以满足，个人的主体性通过共同体实现，个体的自由和发展得到增进；共同体通过成员的集体努力得到发展。

（二）国内学界的共同体研究

在中国，对于共同体与社会并未进行明确的区分，一直用"社会"这个词汇进行表述。一直到1932年，美国的社会学家帕克来华讲学，这一问题才得以解决。费孝通等学者将"社会"和"共同体"加以区分，并创立了一个新的词语——"社区"。此后，这个译名在中国社会学界一直沿用下来。

当代中国的学者关涉人的社会生活之共同体的问题，有的是受西方影响，有的是在中国所面对的社会生活变迁中逐步产生的，仍然以相互依赖、关心、关爱、和睦、温馨、安全等要素作为社会生活共同体的主要特征。

我国学者张广利提出，随着我国社会不断发展，"社区人"的概念在逐步强化，社区对人们社会生活的影响日益加大，人们对社区的依赖性也日益加强，让社区承担起社会生活共同体功能的要求也日益明显。从这个意义上说，社会生活共同体就是各种形式的社区组织。因此，张广利总结道："社会生活共同体，就是指由若干社会个人、群体和组织在社会互动的基础上，依据一定的方式和社会规范结合而成的一个生活上相互关联的大集体，其成员之间具有共同的价值认同和生活方式、共同的利益和需求，以及强烈的认同意识。"[①]

（三）共同体的含义与特征

1. 共同体的含义

"共同体"一词，在英文中的表述为"community"，在翻译成中文时常

---

① 王维先，铁省林.农村社区伦理共同体之建构[M].济南：山东大学出版社，2014：45.

被译为"社群""社区""社团"等。从词源学上看,"community"来自希腊语"κοινότητα",表示一种具有共同利益诉求和伦理取向的群体生活方式。①在古希腊,这种群体及其观念的形成与希腊人的"共餐制"有关。"共餐制"要求城邦成员在公共餐桌上共同进餐,以促进城邦公民"意识到他们在某种意义上都是'同胞'兄弟,因为没有什么比在同一张饭桌上分享同一个灶台里煮出的食物更能加强这种信念了。共餐是一种交流,它在共餐者之间建立起一起存在的认同和一种亲如手足的关系"②。可见,"共同体"这一概念从一开始就是描述某种特殊的群体生活——它不仅意味着一群人共同生活,而且意味着这群人在共同生活中形成了休戚与共的亲密关系。从这种层面来看,滕尼斯的表述最为清晰,共同体作为与社会相对的一种生活,特指那种凭借传统的自然情感而紧密联系的交往有机体;"共同体"和"社会"虽然都属于人类的共同生活形式,但只有"共同体"才是真正的共同生活,而"社会"不过是暂时的和表面的共同生活③。滕尼斯的苛刻定义揭示了"共同体"的一个重要维度,即除了"共同的生活环境""共同的生活特征"等共同性,共同体还需要具备另一些更加深刻而持久的共同性,以至于人们不但相互认识(cognize),而且相互承认(recognize)。④这种态度和观念上的共同性,被当代共同体主义称为"共同的价值取向和善观念"。因此,"共同体"特指"一个拥有某种共同的价值、规范和目标的实体,其中每个成员都把共同的目标当作自己的目标。……共同体不仅仅是指一群人,它是一个整体"⑤。

无论学者们对于共同体的具体内容如何解读,其大致的含义并未发生根本性变化。"所谓共同体,是由于某种共性因素的存在结合而成的联合体。例如,家庭、宗族是基于血缘这一自然因素结成的共同体。城市、村庄是基于历史因素结成的共同体,而类似于欧盟这样的区域集团则是基于政治、经济因素由人主动结成的共同体。"⑥除此之外,人们常说的道德共同体、职业共同体、知识

---

① [古希腊]亚里士多德. 尼各马可伦理学[M]. 廖申白, 译. 北京: 商务印书馆, 2003: 51.

② 崔延强. 正义与逻各斯[M]. 济南: 泰山出版社, 1998: 18.

③ [德]斐迪南·滕尼斯. 共同体与社会: 纯粹社会学的基本概念[M]. 林荣远, 译. 北京: 商务印书馆, 1999: 54.

④ 李义天. 共同体与公民美德[J]. 天津行政学院学报, 2009, 11 (03): 18-23.

⑤ 刘军宁. 自由与社群[M]. 北京: 生活·读书·新知三联书店, 1998: 75.

⑥ 孟庆垒. 环境责任论——兼对环境法若干基本理论问题的反思[D]. 青岛: 中国海洋大学, 2008.

共同体、利益共同体、民族共同体、人类共同体等共同体类型，也皆是某种共性因素导致的。从本质上来说，共同体不是人们主观想象出来的东西，而是一种由个人组成又与个人相对应的客观实在。在很多情况下，人们甚至根本无法选择自己属于这个共同体还是那个共同体。"我们每一个人都处于共同体之中，这是与我们理性无关的客观事实"①。共同体出现和存在的原因很简单，人的社会性是人的本质属性，任何个体都是在共同体的基础上生长成人的，人只有处在各种各样的社会关系之中，才能称之为人，而共同体正是各种各样的社会关系的载体。除非脱离整个人类社会，任何人都无法逃脱共同体，任何人都必然是某个共同体的成员。

当代西方学者关于共同体价值的论述集中体现在共同体主义的理论中。共同体主义强调公共利益和普遍的善，认为个人价值的实现离不开个人所在的共同体，离开共同体，个人的自由、自尊及其他权利都无从实现。因此，共同体的公共利益和普遍善的实现是个人价值实现的前提和基础。在马克思从历史形态上将共同体分为自然共同体、货币共同体和人类共同体，并且认为，只有在共同体中才可能有个人的自由。②

2. 共同体的特征

在当代，"共同体"的概念得到了极大的拓展，而且由于各种原因在不同的社会历史文化和话语体系下，人们对于共同体的认识和理解也常常难以达成共识。为了更加具体、准确地认识和理解"共同体"这一概念，必须弄清楚共同体的基本特征。共同体的基本特征可以概括为以下几个方面：

（1）共同体具有群体性

共同体最基本、最普遍的概念便是那些广泛的、想象的甚至是虚拟的人类群体。在未对共同体进行限定之前，它本身并不具有政治性或伦理性寓意，而只是表示一个根据其成员所共享的某个或多个特征而定义的群体，换言之，该群体仅仅是具有某种特征的人类集体。鲍曼指出，对于"共同体"而言，它只代表"具有共同性的人类群体"③这一层含义。独立的个体是无法构成共同体

① 郑慧子.走向自然的伦理[M].北京：人民出版社，2006：108.
② 赵艳琴.马克思共同体思想的价值研究[D].苏州：苏州大学，2009.
③ [英]齐格蒙特·鲍曼.共同体[M].欧阳景根，译.南京：江苏人民出版社，2003：186.

的，而独立的个体却是构成共同体必不可少的因素和基础，但这并不意味着任何形式的群体聚集就形成了共同体，某些偶然性的、暂时性的、内涵松散的群体并不是共同体。共同体必须是具有某些共同性、组织化了的人群聚集体，因而社会学家更倾向于将"共同体"定义为"某一人群的共同生活"[①]。

（2）共同体具有地域性

对于共同生活的人群而言，他们需要人与人之间的交流、交往，而频繁且持久的交流、交往势必会要求人们的生活环境相近，处于一定的抵御范围之内。只有生活在同一地域内，才能保证自己的生活存在于他人的视野中，而他们的生产生活也存在于自己的生活领域中，才能形成"共同体生活"。就像丹尼尔·A.科尔曼（Daniel Coleman）所言："只有在持续不停的生活交往中，一个人才能深入地了解他人，富有意义的共同体也才存乎其中。"[②]在古代社会，超出一定地域范围，人们之间的交流与交往就会受到限制，从而影响共同体的形成与发展。事实上，生活在同一地理位置或小范围地理位置的人们更易形成共同体。共同的地域为人们在生产生活中形成紧密的联系提供了保障，增强了形成共同体的可能性，并且在此基础上形成的共同体常常会形成"以高度的个人亲密性、情感深度、道德承诺、社会凝聚力以及时间上的连续性为特征"[③]。现代社会随着互联网的发展，人与人之间、地域与地域之间的联系已经不同于往日般落后，共同体的地域性日益削弱。但是，作为共同体特性，地域性仍起着一定的限制性作用。

（3）共同体具有同质性

共同体成员之间除了共同的地域环境外，还拥有共同的兴趣和价值观，譬如共同语言、风俗、情感、文化等。成员之间共同的目标、身份认同和归属感是共同体存在的必要条件，也是共同体同质性的体现。共同体作为组织化了的人群聚集体，集中反映了成员之间的共同目的和价值认同。这是一种共同体成员共同意志的凝聚。正是这种同质性使得共同体自身能够长期、稳定地发展。在共同体中，成员之间相互交流、交往，不断进行物质、思想文化等方面的碰

---

① 王维先，铁省林.农村社区伦理共同体之建构[M].济南：山东大学出版社，2014：47.

② [美]丹尼尔·A.科尔曼.生态政治[M].梅俊杰，译.上海：上海译文出版社，2006：139.

③ Robert Nisbet. The Sociological Tradition[M]. London：Heinemann，1970：48.

撞与融合，最终会形成一个共同体内部的文化特质——共同体成员认可并共享的文化。共同体内部的文化特质，一方面集中体现了成员之间如何实现自我认同，如何通过文化的认同融入共同体中，另一方面也使得社会的基本价值观和规范在社会成员中得以普及与传播，形成成员遵守并承担的责任与义务。

（4）共同体具有公益性

公益性是指共同体成员之间、共同体成员与共同体本身存在着利益上的关联性。事实上，大部分共同体都被认为是利益共同体。共同体内部的成员之间的利益休戚相关，成员的价值、能力、荣誉也是整个共同体的财富。在共同体中，共同的利益是其存在的必要条件。如果共同体的成员没有共同的利益诉求，成员以损害其他成员的利益作为谋求自身利益的前提，那么就无法形成一个互相团结、协作、认同的共同体。亚里士多德曾指出，个人的善不能与共同体的善分离开来对待，因为人们是在一个共同体中，对共同善的共同追求使人们获得了相应的利益或善。①

总体来看，共同体的概念具有广泛性，其广泛性决定了共同体除了具有群体性、地域性、同质性和公益性等特征以外，还具有其他特性，包括公共性、共通性、稳定性等。但是总体来看，共同体所特有的共同价值、身份认同和归属感，即"共同的价值取向和善观念"是其区别于一般组织的本质区别。②

二、共同体理论是大学与城市互动发展的理论基点

研究大学与城市互动，要先从理论上解决一个基点问题，即大学与城市互动发展的理论基点是什么，这是基础性问题。这个问题解决不了，此研究就失去了意义。本研究认为，共同体理论是大学与城市互动发展的理论基点，是大学与城市互动的根本动因，也是解读大学与城市互动发展的认识论逻辑。

（一）群体性：大学与城市互动发展的社会性基础

大学是一个群体性的组织。大学常常被人们称之为一个"小社会"，主要原因在于大学具备了群体性的特征。大学的群体性主要表现为：第一，大学拥

---

① 龚群. 自由主义的自我观与社群主义的共同体观念[J]. 世界哲学，2007（03）：74-80.
② 王维先，铁省林. 农村社区伦理共同体之建构[M]. 济南：山东大学出版社，2014：49.

有着多样化、差异化的学生群体。大学里的学生来自全国各地，他们具有不同的家庭背景，富有不同的文化特质，带来了各种各样的思想、价值观。大学生的多样性和差异性，为他们在大学这个"小社会"中相互交流、相互学习提供了客观的环境和条件。第二，大学是学生交际的重要场所之一。在大学里，学生有机会结识不同的人，并且通过参加各种社团活动、学习活动等建立各种人际关系。第三，大学为学生提供了参与社会实践的机会。大学为学生提供了丰富的课外活动和实践机会，学生通过专业实习、社会实践、志愿者活动、社会调研等活动，培养自身的专业技能、人际交往能力、发现问题与解决问题的能力以及创新能力等。

城市是一个社会性群体。城市本身就是一个社会性群体，社会性群体是人们通过一定的社会关系结合起来进行活动的共同体。社会群体是构成社会的基本单位之一。每一群体具体体现了个人与个人之间、个人与整个社会之间的某些特定的相互关系。城市社会的群体特征如下：第一，城市社会成员之间保持着经常性的社会互动。城市社会中不同群体成员之间是以一定的社会关系为纽带的个人的集合体，群体中的人际关系以一定的利益和情感关系为纽带和基础，群体成员之间保持着经常性的互动关系，譬如，各种商业活动、社会性捐赠活动、社会性学习活动等。第二，城市社会中有相对稳定的成员关系。在城市社会生活中，由于各成员之间的身份差异而形成各种各样的社会关系，比如夫妻关系、父子关系、母子关系、祖孙关系、老板与下属的关系、朋友关系、合作关系等。第三，城市社会群体有明确的行为规范。为了确保城市社会生活中各种活动的有序运转，各级相关部门以法律法规、规章制度等为中介形成了一定的公认的社会规范，用来协调、规约、引导城市社会中各成员的思想和行为。第四，城市社会群体具有共同的群体意识。群体意识是一种归属感，身处于某个城市之中的群体成员与群体之外的成员相比，对群体有相应的期望和归属意识。

由此可见，无论是大学还是城市，本质上都是一个社会性群体。正是大学与城市本身所具有的群体性，为两者之间的互动奠定了基础。大学与城市作为社会性群体，彼此之间既相互独立又相互关联。一方面，大学和城市分别可以作为一个独立的共同体而存在，两者在各自的价值理念、目标以及规范的指导下成长与发展。当然，这也并非意味着大学和城市毫无关联，虽然大学和城市作为独立的共同体，但是同属于社会系统，要遵守共同的社会准则、社会法规、社会道德等，从而保障社会生活有序运转。另一方面，大学和城市作为同一个共同体而存在，在这个共同体中，大学主体与社会成员之间通过生活交往、社会活动、学习与科研活动、文化传播与创新活动等进行交流与互动。

（二）地域性：大学与城市互动发展的地缘性基础

城市滋养和哺育着驻地大学。每当提及某所大学时，绝大多数人的第一反应就是这所大学地处哪座城市。在人们的惯性认知中，大学似乎与某个城市有着一种天然的联系，驻地大学与所在城市之间存在着特殊的地缘关系。所在城市是驻地大学的外在环境，驻地大学生长于城市之中，并且被城市环抱着，不断地从城市中汲取自身所需要的物质、能量、信息和营养等。城市虽然不是大学获取物质、能量、信息以及营养的唯一"供应者"，却是大学接触最直接和最密切的环境。大学总是尽可能地直接从所在城市获取一切所需要的资源，包括土地、房屋、道路、商业服务、博物馆、文化馆等各种资源，这些资源为大学的存在和发展提供财政支持、物质基础、环境营造、公共服务、就业岗位、外部动力等。

驻地大学涵养和反哺着所在城市。城市在滋养和哺育大学同时，大学也会以某种特有的方式，诸如培养人才、科技转化、提供服务等，反作用于城市的建设与发展。[1]驻地大学是城市的文化中心，是城市建设与发展的思想库、智能库以及人才库，是城市文化的辐射源。驻地大学对于所在城市的涵养和反哺不是中国特有的社会现象，在世界其他国家也是如此。驻地大学通过高深知识传播、人才培养、科技创新、社会服务、文化创新等职能，全方位地影响着所在城市的发展。众所周知，牛津是英国最具学术气质的城市，城市当中没有围墙和校门，30多所历史悠久的大学或学院散布于牛津的各个角落，最有名的无疑是大名鼎鼎的牛津大学。牛津大学涵养了牛津城，打造了牛津城保守古朴的建筑风格、相容相包的城校氛围、统一和谐的人文环境，到牛津朝圣的人经

---

① 张德祥，李枭鹰，等.大学与城市互动发展论[M].北京：科学出版社，2018：74.

常分不清自己究竟身在牛津大学还是牛津城。①

由此可见，驻地大学与所在城市之间这种"你中有我，我中有你"的天然地缘优势，为大学与城市之间双向奔赴、互相赋能提供客观条件与客观环境。正是因为驻地大学与所在城市之间这种地理位置上的优势，城市才能孕育大学，大学才能滋养城市，推动校城融合发展，促进驻地大学与所在城市实现双向赋能、双向服务、同频共振、协同发展。

（三）文化性：大学与城市互动发展的同质性基础

文化对于一所大学来说是重要的，同样地，它对于一座城市而言也至关重要。大学与城市最重要的形象应该是文化形象，二者互为对方的"文化代言人"。在某种程度上可以说，一座具有深厚文化底蕴的城市，是坐落于斯的大学的骄傲；相应地，一所具有文化魅力的大学，也是生长于斯的城市的骄傲。

大学与城市互为彼此的"名片"。一方面，一流的大学是一流城市的品牌形象。"'品牌'并不专指'一流''顶尖''垄断''巨无霸'，而是社会市场中的某一领域、某一层次与众不同的价值、信誉，特别是由质量和性价优势所带来的社会认可程度，它具有明显的'度'的含义与'领域'的属性。"②对于一座城市而言，其品牌应该是城市某一因素与众不同的魅力。城市的品牌可能来源于城市的某种文化特质，也可能来源于城市的历史文化积淀，还有可能是从城市的大学中所拥有的先进的文化中获得灵感。就像牛津郡因为拥有牛津大学而打上品牌的烙印，剑桥小城因为拥有剑桥大学而打上品牌的烙印一样。③另一方面，城市是大学文化的重要载体。一所大学在成长与发展的过程中积淀的文化，逐渐成为这所大学的灵魂。大学文化的传承、发扬除了依赖自身以外，大学所在的城市也是大学文化传播与发扬的重要载体。城市作为大学文化的载体，大学精神之花不仅在象牙塔内开放，还绽放于象牙塔之外的城市之中。这不仅提高了城市的文化品位，大学文化还因其拥有坚实的土壤，发展底气十足。

大学与城市互为彼此的"精神家园"。"中国是一个以群体为基本单位的社

---

① 张德祥，李枭鹰，等.大学与城市互动发展论[M].北京：科学出版社，2018：76.

② 徐同文.现代大学经营之道[M].北京：人民教育出版社，2006：219.

③ 李志红，等.大学与城市互动研究[M].济南：山东大学出版社，2009：247.

会，如果说1949年以前，社会群体主要体现为以家族和裙带关系为纽带的家族团体，那么1949年以后，中国社会的基本单位则演变为类似家族成员关系的具有特殊组织意义的'单位'。这个单位在城市表现为学校、工作单位和街道。个人所属的单位标志着个人的社会地位和社会归属。"[①]那么，对于一个坐落于某个城市的大学，城市就是这所大学的"家园"，是城市孕育了大学。城市是大学思想之魂的载体，如果只是将大学的思想文化之魂局限于大学校园内，在大学校园内进行传播，那么就会把大学的精神力量降至最低。大学的精神之魂在向外辐射中，最先辐射到其所在的城市，大学依靠驻地城市将自己的思想和精神传播出去，让更多的人受到大学思想、大学精神的影响。同样地，大学既是学习高深知识的场所，更是城市中每一个市民的精神家园，大学利用自身的文化优势塑造了城市精神。主要表现在：大学依靠自身的人才优势、地域优势，传播人类优秀的文化并且影响城市里的市民；大学利用自身的文化优势，带动改善一座城市的精神面貌；大学利用自身在文化和精神上的优势，吸引城市中的人学习其精神。通过这些途径，大学既塑造了城市居民，还塑造了城市的城市精神。

（四）利益性：大学与城市互动发展的共生性基础

"一个组织、一个社区、一个地区、一个国家，甚至整个人类社会，都可以分别看作是共同体；这些不同层次的共同体都存在着自身的利益，因而可以分别被看作是利益共同体。"[②]大学和城市也不例外，各自分别可以作为共同体而存在，但是两者不仅存在着共同的价值和伦理追求，还存在共同的利益诉求，因而大学与城市也作为利益共同体，共同的利益诉求是大学与城市共栖共生的重要原因和根本动力。

大学与城市有共同的价值和伦理追求。无论是大学还是城市，都是具有开放性、包容性、多样性的有机体，两者要想和谐共处，就必须要有共同的道德规范、信仰等。无论是大学主体还是城市市民，本质上都是社会人，都要在城市公共领域中成长和发展。因此，"公共道德""公共服务""公共管理"等对大

---

① 王颖.城市社会学[M].上海：上海三联书店，2005：174-175.
② 张庆东.公共利益：现代公共管理的本质问题[J].云南行政学院学报，2001（04）：22-26.

学与城市同等重要，这也是两者和谐交往的基础。"公共道德"是大学主体和城市市民在城市社会公共领域活动和交往实践中应具有的道德素养，比如遵守共同的交通规则等；"公共服务"是指大学主体和城市市民在公共生活中平等的享有各种服务，包括基础性公共服务（如基本交通设施、基本通讯设施、气象服务、邮电服务、供水、供电等）、社会性公共服务（如教育、医疗、卫生、普法、社会保险、环境保护、技能培训等）、经济性公共服务（如办政务服务网站、高新技术交易平台等）和安全性公共服务（如军队、警察、消防、国安等）；"公共管理"是指大学主体和城市市民在社会生产、生活、学习中，对于社会中所倡导的政治平等、参与和责任、信任和宽容、团结与协作等公共精神的遵循，从而更好地服务于社会公共事务。

大学与城市有共同的利益诉求。大学与城市共同构成校城共同体，是利益相关者，彼此之间相互需求。英国著名的城市大学运动就是大学与城市的一种相互需求。为了应对工业革命的新需要，英国地方城市对大学产生了需求。事实上，早在1836年，伦敦大学创建伊始，就以适应社会需求的专业教育和科学教育来抵抗"牛桥"的保守传统，城市大学也应运而生。城市大学主动融入地方，围绕地方经济特色办学，并发展成为地方工商业发展的教育和研究中心，如伯明翰学院与酿酒业、利兹学院与纺织业、谢菲尔德学院与钢铁业的关系，利物浦大学的航海业特色等。[①]如今，大学与城市之间也是不能脱离对方而独立存在的。一方面，大学的发展离不开所在城市的支持。行业企业是学科专业设置主要依托、人才培养重要参与者、毕业生主要接收者，是学校主要利益相关者。市民社会是地方应用型本科高校赖以生存发展的环境，为学校发展输送本地生源、物质产品、社会资本，提供本土化道德规范和精神文化。[②]另一方面，城市发展也离不开大学的支持。从长远看来，人才是一个城市发展的后劲和潜力所在，城市的竞争归根到底是人才的竞争。如何培养创新型、复合型、应用型人才，如何吸引高端人才、领军人物，是当前城市经济发展过程中所面临的问题和挑战，而培养人才、聚集人才又恰是大学的使命。城市社会的

---

① 程永波. 大学如何助力城市发展[EB/OL]. https://m.gmw.cn/baijia/2021-03-25/34715516.html，2021-03-25.

② 史秋衡，周良奎. 校城共同体：地方应用型本科高校与城市共生关系新范型[J]. 高等工程教育研究，2022（04）：128-134.

发展离不开大学的智力支持、人才支撑、科技创新与科研转化。

三、大学与城市以共同体为理论基点的作用机理

（一）大学与城市是关系共同体

关系共同体是最普遍和最基本的共同体，是一切共同体的基石，即一切共同体首先必须是关系共同体。[①]大学与城市作为人类社会中的主体，在发展过程中因共同的目标或诉求而成为不同的关系共同体，即一种互塑共长、荣辱与共的关系共同体。大学与城市作为一种关系共同体，城市是大学生存发展的载体，大学是城市兴旺发达的支撑，大学与城市共存共荣。

大学依靠城市而兴。在西方国家，中世纪的知识分子是伴随着城市而诞生的。城市的出现促进了大学的建立，"城市可能是能够为大学提供安全、稳定、并不昂贵的房子、食物和啤酒的唯一场所"[②]。城市拥有良好的经济条件、文化氛围、基础设施和治理环境，可以为大学与城市的互动发展提供物质保障、制度保障与文化保障。城市作为大学最为直接的外部环境，城市的经济结构、产业结构以及文化结构，会对大学的学科专业的设置产生直接影响，从而影响人才培养的层次、类型和结构。例如，城市社会学最早诞生在美国芝加哥大学，在工业化与城市化的驱动下，具有不同文化背景、不同社会阶层的移民集聚在芝加哥，大量移民集聚改变了芝加哥的社会结构的同时，也带来了严重的城市社会问题。在此背景下，芝加哥大学与芝加哥城互动促进了城市社会学的诞生。

城市因大学而盛。在某种程度上可以说，决定一座城市的高度并非这座城市拥有多少摩天大楼，而是在于它拥有多少大学，拥有多少一流大学。一流大学、名师、良师、学子云集，涵养了城市浓厚的人文氛围，积聚了无限的创新潜能，为城市发展储备了宝贵的智力资源。一流的大学成就一流的城市，大学是科技第一生产力、人才第一资源以及创新第一动力的重要结合点，对一个城市的发展至关重要。总体来看，任何一个大的科创中心，基本上都依托于一

① 张德祥，李枭鹰，等.大学与城市互动发展论[M].北京：科学出版社，2018：86.

② Parsons, K. C. A Truce in the War Between Universities and Cities：A Prologue to the Study of City-University Renewal[J]. Journal of Higher Education, 1963, 34（1）：16.

流的大学。今天世界城市的竞争格局，也与城市拥有的大学资源密切相关。譬如以斯坦福大学和加州大学伯克利分校为核心的硅谷地区，以麻省理工学院和哈佛大学为核心的波士顿地区，以同济大学和复旦大学为主的上海杨浦科技园区……大学是城市发展的思想库、创新的动力源与辐射源、文化精神的涵养与引领者，是一座城市发展的名片和地标，为城市各方面发展注入强劲能量，贡献卓越才智。

大学与城市共荣共兴。人才是城市发展最为关键的资源，城市的发展需要大学，城市以各种方式招引大学入驻，希望能够从驻地大学获得城市发展所需要的人才支撑和智力支持。同样地，大学的发展也越来越依赖所在城市，需要不断地从城市获取必要的物质、能量和信息，同时参与到城市的物质文明、精神文明和生态文明建设之中。城市文化与城市文明会对身处其中的大学师生产生潜移默化的影响，并以大学文化的形式呈现出来。英国的伦敦大学、美国的哈佛大学、中国的清华大学……大学体现的是城市品牌和声誉。可见，大学的发展与城市发展密不可分，共荣共兴。

（二）大学与城市是文化共同体

所谓文化共同体，是基于共同或相似的价值观念和文化心理定式而形成的社会群体，是一种特定文化观念和精神追求所反映在组织层面上的有机统一体。文化共同体与政治共同体、经济共同体、宗教共同体等不同，它是以文化价值的同质性为纽带，引导或者规范个体遵守相似的行为规范。"文化"在这一共同体中具有起承转合的核心地位[①]。美国教育家克拉克·克尔把现代多元的巨型大学比喻为"一座充满无穷变化的城市"[②]。著名城市社会学家刘易斯·芒福德又形象地将城市比作人类文化的孵化器，大学则是由12世纪欧洲城市所孵化的新文化组织。[③]可见，大学自诞生时起便与城市有着深厚的文化渊源。大学与城市作为人类文明发展的象征与标志，双方在文化上的交织与碰撞为构建大学与城市文化共同体奠定了基础。

---

① 冯天瑜，何晓明，周积明.中华文化史[M].上海：上海人民出版社，2005：14-15.
② [美]克拉克·克尔.大学的功用[M].陈学飞，陈恢钦，周京，等译.南昌：江西教育出版社，1993：26.
③ [美]刘易斯·芒福德.城市发展史——起源、演变和前景[M].宋俊岭，倪文彦，译.北京：中国建筑工业出版社，2011：586.

文化共同体属于人类社会共同体中的高级形式，本质上是一种精神共同体。滕尼斯认为，精神共同体是人类最高形式的共同体："血缘共同体作为行为的统一体发展和分离为地缘共同体，地缘共同体直接表现为居住在一起，而地缘共同体又发展为精神共同体，作为在相同的方向上和相同的意志上的纯粹的相互作用和支配。地缘共同体可以被理解为动物的生活的相互关系，犹如精神共同体可以被理解为心灵的生活的相互关系一样。因此，精神共同体在同从前的各种共同体的结合中，可以被理解为真正的人的和最高形式的共同体。"①文化共同体是人类精神共同体中最主要的基本形式之一。

文化认同是形成文化共同体的根本动力。文化认同是文化身份或自我意识的自觉和把握，无论从族群还是个人，政治、语言、宗教、心理、地域等把握方式都只是人们把握世界的方式，文化的把握方式是世界各个民族共用的基本方式。文化认同也是一种社会共享的文化经验或体验。②所以，文化认同是个体与群体基于某一特定文化观念和心理定式融入一个民族或者一个国家所经历的过程，也是个体自我身份意识的确定与定位的过程。文化认同作为一个历史发展过程，具有时空的先后次序，不仅赋予个体在意识上的身份确认和社会系统定位，而且还通过对比的视角赋予个体独特的文化身份符号与位置标识。对于个体和群体来说，文化认同的过程包含着从低到高的三个阶段："首先是承认，承认一种文化的合理性、合法性。这种'承认'本身即包含了对特定文化价值指向的认可。其次是接受，'接受'表明了个体与某一种文化价值之间的同一性。再次是融入，'融入'是文化认同的最高境界，为此而做出必要的文化改变，甚至是发挥积极的作用去创造。"③

文化认同是大学与城市形成文化共同体的深层次和根源性的力量。一方面，文化认同是大学与城市进行情感连接的桥梁纽带。大学与城市虽然在发展目标、发展手段等方面存在着较大的差异，但是两者都是文化的传承者和发扬

---

① [德]斐迪南·滕尼斯. 共同体与社会：纯粹社会学的基本概念[M]. 林荣远，译. 北京：商务印书馆，1999：65.
② 陈刚. 全球化与文化认同[J]. 江海学刊，2002（05）：49-54.
③ 欧阳康. 多元化进程中的文化认同与文化选择[J]. 华中科技大学学报（社会科学版），2011，25（06）：1-7.

者，都为文化互鉴融通提供了文化血液。另一方面，文化认同是大学与城市进行交往、交流、交融的精神动力。在中华文化的历史积淀的过程中，文化认同为大学与城市之间的文化交流、文化互鉴提供了精神力量，大学与城市在"共同体"的文化语境中获得了文化自信与文化创新的动力。正是因为文化认同，大学与城市形成命运与共、互相依赖、互相影响的文化共同体。

文化共性是大学与城市实现文化融合的基础。"所有的文化都具有相同的基本信仰和习惯，即所谓文化共性。这是由于每个社会都面临着一些同样的问题，在解决这些问题时也面临着同样的物质限制性。"①因此，同属于社会文化系统之下的大学与城市也必然拥有文化共性。大学与城市的文化共性体现在文化功能上的共同追求。在这方面，刘易斯·芒福德曾有精辟的评价："大学使文化存贮、传播和交流、创造和发展，这大约正是城市的三项最基本的功能。大学有条件使城市的一种必要活动明确化了，这种活动即脱离直接的社会责任，通过师徒之间的直接交往，对文化遗产重新严格评价并继承和创新。"②可见，大学与城市拥有共同的文化存贮、传播、创新的功能。

（三）大学与城市是利益共同体

任何共同体在根本上都是存在某种利益的共同体，而且互利互惠是维系共同体可持续稳定发展的最根本动因。③虽然大学与城市的关系总是在不断地变化，并且在不同的历史时期和不同的国家呈现出一定的历史性和区域性特征，甚至偶有冲突，但变化的只是外在表征，大学与城市之间的利益和需要才是决定大学与城市互动发展的内在驱动力和根本原因。正如斯坦福大学前校长约翰·亨尼斯（John Hennessy）所言："人们都说没有斯坦福就没有硅谷，我还要加一句话，没有硅谷就没有一流水平的斯坦福大学。"④社会发展实践中，大学与城市双方分别根据自身利益和彼此的发展需要，在历经反复的博弈后，逐步建立起了利益共同体。大学与城市只有主动照顾彼此的利益和关切，保持良

① [美]戴维·波普诺. 社会学[M]. 北京：中国人民大学出版社，1999：90-91.
② [美]刘易斯·芒福德. 城市发展史——起源、演变和前景[M]. 宋俊岭，倪文彦，译. 北京：中国建筑工业出版社，2011：295-296.
③ 张德祥，李枭鹰，等. 大学与城市互动发展论[M]. 北京：科学出版社，2019：90.
④ 教育部中外大学校长论坛领导小组. 中外大学校长论坛文集[M]. 北京：高等教育出版社，2006：554.

好的合作与互动关系，才能适应经济社会的发展，实现双赢发展。

集群化构成大学与城市互动发展的重要方向。从当前世界各国大学发展的趋势来看，大学与城市之间的关系逐渐走向了集群化，出现了大学群对接城市群、学科——专业链对接产业——价值链的发展趋势，以集群效应提升区域发展整体实力。世界高等教育史和科学技术史上有一个著名的"汤浅定律"，即世界科技创新中心的转移与高等教育中心的转移关系密切。历史上，世界科技创新中心的顺序是意大利、英国、法国、德国、美国；世界高等教育的中心也是按意大利、英国、法国、德国和美国的顺序转移。基于高等教育中心和科技创新中心的密切关系，当今世界许多国家均高度重视大学的集聚效应和辐射能力，围绕高水平大学形成高等教育中心，继而发展成为区域或国家科技创新中心或科技城。在这方面，美国波士顿128公路三角科学园区和硅谷、英国的剑桥科技园区、日本的筑波科技城、印度的班加罗尔和我国的中关村科技园等都是大学集群化与城市互动发展的典型。近年来，为适应创新驱动发展和产业转型升级的需要，我国一些经济发达而高等教育相对薄弱的区域中心城市，比如深圳、青岛、宁波、苏州等也开始根据经济社会发展的现实需要，大力引进优质高等教育资源，以一流大学、一流学科建设为基础，致力于形成区域科技创新中心。[1]

利益决定着大学与城市互动的过程和结果。互动是双向的，有互动就必然会产生这样或那样的冲突。大学与城市的互动也不例外，两者在互动过程中也会存在各种各样的冲突，但冲突不等于对立。冲突不存在解不开的"死结"，冲突也不必然引起"对抗"。从中世纪开始，大学师生与城市市民之间的冲突就不断。譬如，11世纪时，意大利的博洛尼亚贸易发达，市民和学生之间经常出现各种纠纷，出现纠纷后需要寻求"法"来解决，于是第一所以法学研究为主的博洛尼亚大学诞生了。一直到19世纪后，随着大学与城市之间的互动与合作加强，市民与师生之间的矛盾和冲突才有所缓解，而且为了实现共同发展和提升在城市生活的品质，双方逐渐开始合作兴办大学。例如，最早的城市

---

① 一流大学与中心城市互动发展——郑州大学党委书记宋争辉谈大学与城市互动[N]. 河南日报，2020-10-19.

公立大学之一——利物浦大学的建立就是为了服务于当时利物浦市工商业发展的需要，艺术设计与建筑、城市规划、机械工程、航空航天工程和医学工程等都是其强势专业。①

大学的职能构成了大学与城市互动发展的根本动力。近代以来，大学凭借自身优势，充分发挥人才培养、科学研究、社会服务以及文化传承创新的职能，为城市发展提供了必要的智力支持，逐步成为区域经济社会发展的创新主体。历史和经济社会发展实践证明，一个发达的城市必然伴随着一所或多所高水平的大学。诚如哈佛大学前校长德里克·博克所言："我们不知道一个没有大学的城市会更富有还是更贫穷。但是，我们相信，相对来说，很少有其他方式可以像大学那样给一个城市带来如此大的经济效益。"②实际上，大学给城市带来的不仅仅是"如此大的经济效益"，由于高水平大学的存在，整个城市的文化水平、市民素质等都会得到有效提高。

大学与城市在互动发展中实现互利共赢。国外一些著名的大学城，比如英国的牛津、剑桥，美国的波士顿，都是经过漫长的岁月发展而成的。它们形成的过程一般是先有大学的教学、居住设施，然后由于师生学习和生活的需要建造一些公共服务设施，比如图书馆、博物馆以及营利性的服务设施等。很多学校都没有围墙，大学与生活社区都分布在城镇内部。历经时间的洗礼，大学发展与城市发展融为一体，形成了"大学即城，城即大学"的状态。中国的大学城，大多数是在土地价格相对便宜的郊区农业用地建造，经过数十年的打造，建设成为大学城，这种"空间生产"往往集中了权力和政府的意志，发展情况相对复杂。南京的仙林大学城就是其中一个相对典型的例子。时至今日，大学与城市的互动使两者成为一个共生共赢的利益共同体，这已然成为一种共识。

（四）大学与城市是命运共同体

所谓命运共同体，是指大学与城市之间相互依存、休戚与共，旨在追求自身利益时兼顾他者利益，在谋求自身发展中促进彼此之间共同发展。对于大学

---

① 杨志卿.地方大学与城市的文化互动机制研究[J].当代教育科学，2019，（07）：82-86，96.

② [美]德里克·博克.走出象牙塔——现代大学的社会责任[M].徐小洲，陆军，译.杭州：浙江教育出版社，2001：252.

而言，城市是重要的空间载体和环境资源；对于城市而言，大学又是重要的人文资源、教育资源、科技创新的源泉。可以说，大学与城市之间的关系是"你中有我，我中有你"的共生关系。共生就是相互依存、相互支撑，彼此在对方的发展中占据着不可或缺的地位。

城市滋养着大学，为大学提供生长环境和生长养分，同时，大学也能反哺城市，在城市发展中扮演重要角色。大学通过人才培养、科技转化、文化输出等，为城市发展提供人力支持、智力支持以及科研支撑。解码硅谷的发展轨迹，斯坦福大学是硅谷关键的人才智库和技术支撑。斯坦福大学校长 G.卡斯帕尔（Gerhard Casper）在谈到斯坦福大学和硅谷关系成功的"非秘诀（non-secret）"的秘诀时，总结了五点：一是把斯坦福建设成研究与教学上的"卓越尖端（steeples of excellence）"，而非训练工程师和商业管理人员；二是在无数诱惑面前始终把教学与研究的结合看作主要任务；三是享有学术自由；四是建立了大学与产业界之间的良好互动的合作伙伴关系；五是持续地保持开放性。为了将这种大学类型与传统的研究型大学（research university）区别开来，他特地使用了"研究密集型大学（research-intensive university）"这一概念。[①]斯坦福大学不是硅谷的直接参与者，而是以智力和成果扮演着推动者和支持者的角色。斯坦福大学的研究成果和优秀人才，为硅谷的发展提供了强有力的支持和保障，成为支撑硅谷前行有效的驱动力量。可以说，没有斯坦福大学人才的供给、创新机制的引入，就没有硅谷的持续强劲发展。斯坦福大学孕育了硅谷，同时硅谷又反哺了斯坦福大学，硅谷为斯坦福大学提供了资源支持和实践机会，让斯坦福的学生可以更好地接触到科技创新的前沿，开阔自己的视野和研究方向。可见，斯坦福大学与硅谷之间的关系，是互利共生的动态关系，是一个双赢的合作关系。斯坦福大学与硅谷两者相辅相成，彼此相互成就，形成共生互动的命运共同体。

---

① 陈彬.知识经济与大学办学模式改革研究[M].武汉：华中师范大学出版社，2002：97.

第二章
大学与城市互动发展的历时态追溯

城市是大学生存与发展中最为直接的外部环境，大学为城市系统的发展提供各个层面的支撑。这是大学与城市之间直观的和可感的线性关系。从发生学的视角看，大学和城市皆是人类社会发展到一定阶段的产物，而且两者之间的关系随着时空的转换而变化，彰显出鲜明的历史性和区域性特征。

一、中国大学与城市互动发展的历史变迁

（一）夏商周时期至19世纪中期的大学与城市

据古籍和卜辞记载，我国在夏商时期就有了大学，但是关于最早的大学是否诞生在夏朝尚未找到充分的证据。商朝的大学从殷商甲骨文和史籍的记载中得到了证明，由此证明我国的大学起源于商代似乎没有争议。但是，商朝时期的大学并不是简单的教育机构，商代大学活动都是为了满足统治阶级的政治和军事的需要，例如，这一时期大学的教学活动主要是祭祀的"习礼"、"习舞"、"习乐"，以及军事的"习御"、"习射"等，都是与政治、军事密切联系的。而在商朝大学出现之前，我国城市已经出现。据史料记载，在原始社会末期，伴随着农业、手工业的发展和阶级分化的出现，开始出现人口的空间集聚趋势，由此也出现了中国早期的城市。中国史前早期城市的出现与原始社会末期出现的阶级分化、各城邦国家的产生密切相关，早期所建立的各个城市都是国家政权的所在地，大多是作为国家的权力中心而存在的，基本上都是典型的政治城市。正如有的学者所言："中国城市兴起的具体地点虽然不同，但是它们都是为了防御和保护的目的建立起来的，早期城市是权力的象征，也是维护权力的工具。"[1]

---

[1] 何一民. 中国城市史[M]. 武汉：武汉大学出版社，2012：13.

夏商周时期的城市也是当时统治阶级的驻所。从春秋战国时期到秦王朝建立，开始逐渐形成从中央到地方相对比较完备的等级体系，由此也形成了具有中国特色的、以都城为中心的城市行政等级体系，城市的地位、权利与其行政级别基本上呈正相关。从秦王朝一直到清朝中叶，城市绝大多数都是封建王朝从中央到地方的各级统治阶级的驻地，也是当时中央或者地方的行政中心。城市作为当时统治阶级的行政中心，为了维护统治阶级的地位和利益，城市中一般都会驻扎一定数量的军队，特别是那些都城或者处于军事交通要塞的城市。由此可以看出，中国古代城市是政治、军事而非经济发展的产物，政治中心或军事中心是城市的主要功能，虽然也兴起了一批以商业功能为主的城市，但是商业功能是依附于政治功能的。由此可以说，我国古代城市不仅是当时统治阶级的驻地所在，甚至是统治阶级的象征和标志，城市是按照政治功能的要求进行设置的。

　　古代城市的功能已经出现了叠加性发展趋势，政治功能叠加商业功能、文化功能，促进城市的产生或进一步发展，但是这只是一种低水平的叠加，并不能改变城市作为政治中心的根本功能和地位。古代城市的政治属性是由中央集权的政治制度所决定的，大学的政治目的和功能决定了大学在选址在以政治为中心的城市。例如，夏商周三代的大学建在祭祀的建筑群里；汉代的中央大学毗邻皇城而建；唐朝中央统治阶级在京师设立的"六学二馆"，主要是官方创办的，且大多建在城市或朝野之中，为维护中央统治集权服务，以儒家经典为主要教学内容。儒家"学而优则仕"的价值观对古代大学乃至现代大学产生深远影响，从汉代的察举制和太学教育到隋唐时期的科举考试，培养和选拔行政管理人才是各类教育的最高目标。在官本位的价值导向和教育体制中，各类官学自然成为培养官员的预备机构。尽管宋代的书院为了潜心治学、免于世俗的干扰而将学院建立在山林胜地，但是书院所反对的并不只是对于行政的介入，而是"权力"对于知识的控制和奴役。虽然朱熹阐明了建立书院的目的是"以俟四方之士有志于学而不屑于课试之业者居之"（《衡州石鼓书院记》），但他也并不否认教育的政治目的，即修身、齐家、治国、平天下，待朝廷之用也。换言之，学院所痛恨的是一些知识分子只重视"仕"忽视"学"的功利性的求学之道，其实他们本身并不反对"学而优则仕"。而且到了明清时期，书院出现了官学化的倾向，甚至为了方便统治阶级对各种书院的监督和管理，书院从山林之中又重新回归到城市。所以，总体来看，中国古代的大学与城市的关系主要是政治性的。

（二）19世纪中期至新中国成立前的大学与城市

1. 鸦片战争到甲午中日战争时期（1840—1895年）

19世纪中期，以鸦片战争为开端，英、法、美等外国势力开始入侵中国，清政府统治阶级被迫签订了一系列不平等条约。一批租借城市、开埠城市在列强的控制下畸形发展，开埠城市被外国势力将其从清王朝的封建统治下强行分离出来，成为外国资本侵华的基地，尤其是租界建立后，成为"国中之国"。这些城市成为半殖民或殖民地城市。由于东北、西北边疆地区受到资本主义列强的侵略，清政府为加强边防也重视边疆地区的开发，这在一定程度上推动了边疆城市的发展。

国内封建统治阶级从镇压太平天国农民起义和两次鸦片战争的失败中吸取经验教训，洋务派从19世纪中期开始在一些城市中开创了第一批近代工商企业和军事工业，近代资本主义工商业开始在沿海城市中逐渐兴起，其兴起和发展需要军事、科技、工商等专门人才以应对时局的挑战。西方的坚船利炮和民族危机使我国一部分有识之士认识到传统的科举教育所培养和选拔的人才无法适应近代社会的现实需要，要想挽救民族危机就要学"西学"，创办一些满足社会需要的新式学堂。传统的以科举为重心的高等教育开始逐渐被"中学为体，西学为用"所取代，从而推动了新式高等教育的创立和发展。

清政府创办了一大批军事、外语、技术类的洋务学堂来满足当时社会对军事、外语翻译、技术人才的需要，洋务派建立了中国近代社会第一所外国语学校——京师同文馆以满足对外交往中对外语人才的需要，还建立了福建船政学堂、天津水师学堂、广东水路师学堂等满足军事、技术方面的社会需要。据统计，至19世纪90年代中期，清政府在东南沿海沿江政治中心及西北、东北边疆城市共设立各类新式学堂30余所。[①]这一时期的新兴学堂是具有高等教育性质的学堂，而且这些新式学堂基本建立在近代城市兴起的地方。

---

① 张亚群.科举制废除与近代高等教育转型[M].上海：华中师范大学出版社，2005：69.

2. 甲午中日战争到新民主主义革命时期（1895—1919年）

甲午中日战争中国战败签订了丧权辱国的《马关条约》。该条约的签订标志着西方列强对我国的侵略进入到帝国主义阶段，通过该条约西方列强还取得了在华开办工厂、筑铁路、开矿山等权利。随着铁路的修筑，新的轮船航线开辟，铁路沿线和轮船码头开始形成和初步发展起来一批工商业城市和交通枢纽城市，同时各种矿产资源的开发也催生了一批新兴的工矿业城市。通过不平等条约而发展起来的开埠城市也较前一阶段增长了近一倍，而且开埠城市已经扩展到内陆。在这一时期，西方国家大都在忙于第一次世界大战，无暇顾及我国的各种活动，暂时对华放松了警惕，这为我国民族工商业保留了发展空间。总体来看，这一时期中国的近代城市得到了较快的发展，同时，大学在内外力的作用下也获得了新的成长和发展。

19世纪末20世纪初，为了适应"以华制华"的政策需要并且培养西方所需要的未来在华代理人，西方教会开始将办学的注意力从初等教育、中等教育转移到高等教育，教会大学也由此获得了快速发展。西方列强的宗教信仰、价值观念、制度规范等挟其坚船利炮之余威，日益渗透到中国的殖民或半殖民城市之中，加剧了中华民族的危机。在主观上，教会大学虽然带有一定的殖民性和侵略性，但是客观上推动了中国近代高等教育的形成和发展，还相应地承担了社会转型时期社会发展对高等教育提出的部分职能和某些需求。教会大学开创了中国女子高等教育的先河。随着资本主义的发展，尤其是救亡图存的迫切需要，以康有为、梁启超等为代表的维新人士在主张变法兴学的同时，还主张解放妇女，兴办女子高等教育学校。在基督教会创办女子大学的刺激下，我国也受其影响建立了中国女子大学。清政府在维新派的号召和推动下也采取了一系列措施来适应社会发展的现实需要，包括建立京师大学堂，将各级书院改为兼习中、西学学堂等法令，一时间兴学堂、改书院蔚然成风。新式高等学校的数量不仅显著增长，而且类型也根据城市社会发展需要增加了铁路、工程等专门学堂及综合性大学。维新派所创办的高等学校，适应了民族资本主义在人才培养方面的要求，同时还具有一定的封建性，一直到科举制废除（1905年）以后，近代中国的高等教育才真正地发展起来。科举制废除后，高等教育的培养目标和课程结构更加多样化，新式高等学校数量大增，以培养适应城市社会所需要的各类专业人才。

综上所述，以上两个阶段近代大学与城市的发展趋势基本上是一致的，均是由沿海向内陆扩展。两者都具有一定程度上的殖民色彩，是在西方列强控制和支配下被动地发展，无论城市还是大学都对西方列强具有一定的依附性，故这一时期大学与城市之间的互动主要是被动的和带有殖民性、依附性的互动。

3. 新民主主义革命时期（1919—1945年）

中国共产党在成立初期以及第一次国内革命战争时期，为了广泛的宣传马克思主义思想和理论、培养领导革命的干部，兴办了具有大学教育性质的教育机构，如湖南自修大学、上海大学、中法大学等。这些新建的大学打破了旧大学的传统，在办学实践中坚持教育与生产劳动相结合、为革命政治斗争服务、理论联系实际的原则，为当时的革命培养了众多干部人才。

土地革命时期，为了增强革命力量和争取革命的最后胜利，中国共产党在革命根据地建立红军大学、苏维埃大学、马克思共产主义大学等来满足对领导干部人才的需要。由于这一时期党的工作重心在农村并且走"农村包围城市、武装夺取政权"的道路，所以这一时期所建立的大学并不在城市，而是在农村。1937年日本发动全面侵华战争，由于国民党推行"消极抗战、积极反共"的策略，华北、华东、华中和华南地区相继沦陷，我国大部分城市被日军占领且遭到严重破坏。为了保存我国高等教育的实力，沦陷区的大批工商企业、学校、居民都向大西北、大西南撤退，使这些地区的城市得到了暂时性的发展。抗日战争胜利后，那些战前迁往内地的大学又被重新迁回东部沿海地区。所以，从总体来看，这一时期由于内战和抗日战争，大学与城市出现分离状态，两者的发展均服务于政治斗争和抗战的需要。

（三）新中国成立后至改革开放前的大学与城市

新中国成立后，国家对城市和大学都进行了恢复、重建和发展。从1953年开始执行"一五"计划，第一个五年计划的核心以发展重工业为主，并且工业布局重点放在东北地区和内陆的城市之中，那些获得国家重点资助建设的城市后来大多数成为我国新兴的工业城市。"一五"计划期间，虽然城市的第三产业停滞不前，但是国家重视文教卫生、科研事业，这一时期成为新中国成立后新建高等院校较多的时段。为了满足城市社会中各行各业对各级各类专业人才的需要，陆续催生了一大批新建高校。

"二五"计划期间，"大跃进"打乱了国民经济的正常发展进程，内地城市在国民经济调整期形成了钢铁工业基地、新型机械工业基地，同时建成了大量的能源工业城市。在国家政策的导向下，大部分高校相继下放到地方管理，一时间高校数量猛增，这种"大发展"不仅违背了高等教育发展的基本规律，同时也超出了国家经济的承受能力。在"大跃进"背景下，高校办起了工厂和农场，学生大部分时间都要到工厂参加劳动。过度强调"理论联系实际"、大学与生产劳动相结合，虽然在某种程度上培养了国家或城市所需要的劳动人才，但同时也加剧了大学与城市的分离。

"文化大革命"期间，在"以阶级斗争为纲"错误路线方针政策的指挥和引导下，不仅城市经济遭受严重破坏，而且教育界和学术界也受到政治运动的严重冲击，学术环境和高等教育都遭到了严重的破坏。1966年，考生统一考试的高考制度被推荐和选拔相结合的制度所取代，打破"能力本位"，突出"阶级出身"，大搞"唯成分论"，高等教育质量遭到严重破坏。同时，教育战线下的"斗批改"，使众多教育界的师生、干部受到批判，还酿成了重大的冤假错案。大批教师、学生、领导干部被下放到农村进行劳动改造，致使一大批高校被撤销、合并和改迁。高校暂时失去了培养人才的功能，大学不再是培养人才的基地，而是成为"改造"知识分子的场所，并为此付出了沉重代价。

（四）改革开放后至今的大学与城市

改革开放后我国的大学与城市都获得了快速发展，大学与城市在地缘上的同一性，资源和"产品"的互补性，大学与城市的相关性决定了两者之间是一种特殊的利益共同体。伴随着城市化的快速发展以及市场经济的确立，大学开始走向城市社会的中心，但是大学与所在城市在供需方面存在着错位现象。作为城市之中的大学要想实现可持续发展，必然要主动适应城市社会的发展需要，但是城市需求的显现与发展常常是滞后的，城市社会发展和经济形势的变化常常会催生出新的需求。当城市社会需求显现时，大学马上进行培养相应的人才实际上已经滞后了，因为大学的人才培养是具有周期性的。大学作为一个具有预测功能的前沿性机构应该引领城市社会发展，但是大学在发展中对于所在城市的各种社会问题和经济发展程度的关注并不够，也没有顾及自身在城市社会中的"立足之地"，大学更多地是等待城市社会的需要再进行专业设置或调整。这种滞后性使大学人才培养陷入被动的境地，致使大学的专业设置和培养模式与城市需求相脱节。除此之外，大学在主动适应城市发展的过程中往往出现盲目服从而忽视自身的发展逻辑。例如，20世纪90年代末的大学改革为了满足城市社会经济建设的需要，对大学进行了专业调整、院校进行合并、鼓励大学进行扩招，一时间大学迅速迈进高等教育大众化阶段，但是实践证明这种改革是片面的，人才培养和城市社会需求在某种程度上是脱节的，故大学与城市这种互动是一种畸形互动，并不能促进两者在互动的过程中实现双赢。所以，城市中的大学既要保持高度社会敏感性，又要坚守自身的发展逻辑，既要满足城市社会发展的需要，又要相对超越城市社会，实现大学人才培养与城市社会需求的共轭，尽量避免或减少两者的畸形发展。

从我国大学与城市分布的总体格局来看，我国高校大多集中在东部沿海城市，中西部城市中的高校不仅数量少，而且相对落后。我国大学与城市的关系就像有关研究者所指出的那样："城市的规模级别与高校的数量与声誉呈现出一种明显的正相关：城市越大、行政级别越高，高校的数量就越多、全国知名大学也越多。"[1]我国的大学与城市在空间分布上虽然具有地域上的非均衡性，但是进入21世纪以后，我国大学与城市在互动内容方面不再局限于以往的政治互动，而是走向经济、文化、科技、旅游等的全面互动。

二、欧洲大学与城市互动发展的历史变迁

（一）中世纪的大学与城市

大学的诞生最早可以追溯到欧洲中世纪时期（5至15世纪），所以研究大学与城市之间的互动发展也必须而且应该从中世纪时期开始。中世纪时期的欧洲尚处于农业文明阶段，农业经济居于社会中心，城市也以土地财产和农业为

---

① 黎民. 刍议高校与所在城市的关系[J]. 理论月刊, 1999（09）: 22-24.

基础。欧洲的中世纪，城市主要是社会的宗教中心、政治中心或军事中心，而非社会的经济中心，城市的工商业是后来的产物。

从地缘关系看，中世纪大学具有某种天然的"依生性"。据史料记载，博洛尼亚大学所坐落的博洛尼亚得益于其地理位置的先天优势而成为著名城市，正如有学者所言："博洛尼亚是意大利北部天然的十字路口和主要干道的汇合地……因为有相当多的人员来往，使它成为一座著名城市。"[①]正是这些往来的人员推动了早期大学的诞生、成长和发展。中世纪大学与城市的地缘关系是昭然的，"像巴黎大学、博洛尼亚大学、萨莱诺大学、牛津大学、剑桥大学、蒙彼利埃大学、帕多瓦大学、维也纳大学、布拉格大学、莱比锡大学、卢万大学等，均以'地名+大学'的方式命名"[②]，确切地说是"城市或城镇名+大学"。中世纪大学与城市虽地缘关系紧密，但大学的"小城镇倾向"也是非常典型的。德国就是小城建大学的典范，像海德堡、弗赖堡等都建在小城镇而非大城市。中世纪时期的大学与教会之间的关系非同一般，被誉为"居住僧侣的村庄"，但这并不意味着大学不食人间烟火，也不意味着大学是社会的孤岛。历史显示，中世纪的大学与城市存在特殊的关系，主要表现在以下几个方面：

1. 大学与城市市民的"依生"与冲突

大学依托或寄居城市而生存和发展。中世纪大学的诞生与城市的兴起相关，诞生后的大学生长于城市，城市成为大学生存与发展的直接环境，为大学提供各种物质条件。中世纪早期的大学没有固定的教学和居住场所，大学依托或寄居所在的城市，租用市民的房屋。与乡村不同，大学不直接生产物质资料，不具备自给自足的能力，而城市不仅是可以为当时的大学提供安全、稳定、并不昂贵的房子及食物的唯一可能场所，而且是那些不从事农业生产而专门从事教学的人汇聚到一处的最佳场所。概言之，城市是大学的衣食之源和栖居之所，大学对城市存在典型的"依生性"。这种天然亲近的共栖，为大学与城市的互动发展提供了机会、条件和可能。

大学与市民之间矛盾和冲突具有普遍性。中世纪的市民不同于城外人或乡

---

① 贺国庆. 外国高等教育史[M]. 北京：人民教育出版社，2003：49.
② 李枭鹰. 从大学称谓变化看高等教育属性嬗变[J]. 广西师范大学学报（哲学社会科学版），2008（03）：99-102.

村人，他们作为城市的一种特权阶级，对其他的一切邻人采取不友好甚或敌对的态度，经常以排他的方式来巩固和捍卫特权。大学的师生有自己的语言、文化、风俗习惯等，这与市民存在一定的差异，大学融入城市后，两者之间便存在各种矛盾和冲突。大学与城市市民最初是对抗性的，学生与酒馆老板之间的冲突、学生与市民因房租问题引起的争执等，经常成为市民与学生之间发生各种暴力事件的导火索。例如，巴黎大学历史上著名的"大逃散"事件，就是巴黎大学学生与当地酒馆老板发生冲突后，巴黎学生遭摄政王太后下令逮捕，致使巴黎大学师生愤然离开巴黎而迁移到其他城市。

教权与王权的斗争和干预使大学与市民之间的矛盾升级。中世纪时期教会和国王为了巩固政权而拉拢大学为其服务，授予大学各种特权，致使市民的权利无形中受到削弱，权力的天平失衡。市民虽然生活在自己的城市中却如同被征服者，而大学在国王和教皇的"庇护"和"偏爱"下，俨然成为城市社会中的"国中之国"。例如，13世纪末的巴黎城描绘成由以下三部分组成："一是商人、手工业者和普通百姓，名为大城；二是宫廷周围的贵族和大教堂，名为旧城；三是大学生和教员们，名为大学。"[①]市民为了重新从大学手里夺回本该属于他们的自治权，曾多次向国王请愿，结果却遭到了国王的无情驳回和镇压。这使大学与市民的矛盾达到顶点，两者间的冲突一触即发。

2. 大学与城市当局的控制与反控制

中世纪大学作为一种自治性机构而存在。从空间上看，中世纪大学身处城市之中，但不从属于或归属于所在城市，早期的牛津大学、剑桥大学甚至成为所在城市中法权乃至行政权的绝对权威者。

利益是大学与城市当局进行各自行为决策的重要动因。中世纪大学在国王和教会的庇荫下获得了很多特权，成为城市中的一个特权机构，城市当局对大学的干预有限。城市当局为了控制和利用大学，也给其一定支持。当大学在城市当局可控制的范围内且不过分侵害城市当局的利益时，两者和谐相处，一旦大学超出了城市当局可控的范围或城市当局触犯了大学利益，两者则"兵刃相见"。但是"腥风血雨"过后，城市当局为了城市发展常以赋予特权的方式，

---

① [法]雅克·勒戈夫. 中世纪的知识分子[M]. 张弘，译. 北京：商务印书馆，1996：66.

使大学与城市当局重新回到"和谐"的轨道上。从表面上看，大学与城市当局理应相互依存，但实际上两者之间更多是一种控制与反控制的较量。

国王和教会是大学与城市当局进行控制与反控制的助推力。大学对城市当局的控制与反抗，主要源于国王和教会的支持，尤其是赋予大学的各种特权，成为大学反抗和控制城市的重要手段。中世纪大学与城市冲突的最著名事件，可谓是1355年2月10日发生的牛津大学与牛津城的"圣学者日战斗"事件。该事件起因于学生与酒馆老板的冲突，后来演变成为一场持续三天的战斗，牛津城的市民武装打学院村，杀死或打伤众多牛津大学的学生。17世纪的历史学家沃德（Ward）描述了当时的惨状：尸体堆积如山，没有人知道究竟有多少人在暴乱中死去，只知道大学一方就死了62个人。[①]在国王的干预和协调下，最终以牛津大学获取对牛津城的控制和管理权而结束，牛津大学与牛津城之间的控制与被控制的关系被确立，这种关系一直延续到19世纪中叶。在某种程度上甚至可以说，牛津城是一个被牛津大学控制的城市。

冲突虽源于事物之间的相互抵触，但也是事物发生变化的根源。就像有学者所言："当事物之间发生冲突时，冲突本身包含着一种内在的解决要求，这就促使事物发生变化，以克服、解决这种冲突。"[②]事实证明，"迁徙"成为大学制裁和反抗城市最有效的手段之一，因为"大学没有固定的建筑和地产，只是师生组成的社团或者协会，早期的大学流动性极强，故大学常常以停办或迁址的方式与城市进行交涉并且迫使城市当局做出让步"[③]。大学的这种流动性，造成了一种"跑得了和尚也跑得了庙"的格局。例如，1229年，巴黎大学的学生因为住房问题与房东争吵，并且在争吵中学生受了伤，第二天学生对房东进行了报复，巴黎主教对此事件提起了诉讼，致使巴黎大学的学生被抓捕，抓捕行为引起了师生罢课，学校迁移至牛津、剑桥等其他城市，最终巴黎大学关闭。一直到1231年，国王路易九世（Saint Louis）赋予巴黎大学各种特权并承

---

① 阎光才. 牛津大学与牛津城——传统大学与社区间互动的一个经典个案分析[J]. 比较教育研究，2004（04）：42-46.

② 周伟忠. 冲突论[M]. 上海：学林出版社，2002：6.

③ [美]戴维·林德伯格. 西方科学的起源[M]. 王珺，刘晓峰，等译. 北京：中国对外翻译出版公司，2001：215.

认其独立，从此，巴黎大学才开始摆脱被城市当局管控的命运而作为一个独立的团体存在。[①]

综上所述，中世纪的大学与市民、城市当局的互动是畸形的，冲突性的互动并非出于双方的本意，但大学与城市双方为了争取生存空间又不得已而为之。大学与市民的互动在一定程度上刺激了城市商业的繁荣和发展，但这只是大学与城市政治性互动的"附属品"。

（二）15至19世纪中期的大学与城市

1. 大学与城市彼此独立却植根于国家的需要（15至18世纪中期）

15至17世纪，欧洲新航路的开辟和发现新大陆，不仅拓展了欧洲人的航海事业，而且加速了西欧迈向近代化的步伐。15世纪末，哥伦布发现美洲，扩大了欧洲通向世界的新航线，西欧的封建庄园经济开始逐渐被商业资本主义取代，新经济体系的建立对高等教育提出了新的要求。

文艺复兴运动通过人文主义的传播为欧洲近代化提供了思想基础。从16世纪开始，人文主义思想开始向教育领域蔓延，在这种思潮的影响下，神性逐渐被理性所取代，神学不再是主宰欧洲大学发展的唯一因素。随后的宗教改革运动通过血与火的战争，催生出近代民族国家，并在此基础上培育出民族文化和教育发展的幼芽，大学开始演变为具有"民族属性"的高等教育机构。在文艺复兴和宗教改革运动的作用下，大学在教学、课程设置以及指导思想方面开始朝着民族化、多样化和人文化的方向发展。

17世纪欧洲的科学革命，并没有撼动欧洲传统大学的根基，也未从根本上改变传统大学，但催生了一大批技术学院、专门学院等新型的高等教育机构。伴随着地理大发现而来的殖民扩张，大量移民涌入城市，城市人口激增进入扩张期。16世纪见证了欧洲城市的复苏，但是从17世纪开始，城市扩张的趋势减慢，民族国家之间的纠纷和战争、宗教各派之间的对立和冲突，以及各国的资产阶级革命持续冲击着城市的发展，使城市人口出现了衰退现象，这一现象基本上持续了整个17世纪。从整体来看，这一时期欧洲城市基本上处于

---

① 宋文红. 欧洲中世纪大学：历史描述与分析[D]. 武汉：华中科技大学，2005.

动荡、衰退时期。虽然社会变迁对大学提出了新的要求并使大学在课程内容、培养目标等方面发生了变化，但是这些要求和变化并非服务于城市发展需要，而是植根于国家和民族的利益。这一时期的大学与城市之间并未产生实质性的互动，大学的学科设置、责任和使命等，与城市没有多大关联，一切似乎是服务于国家需要。

2. 大学与城市"彼此疏离"并未产生实质的"交集"（18世纪下半叶至19世纪中期）

18世纪下半叶英国率先开始工业革命，在其影响下，欧洲其他国家像法国、德国等也相继开启工业革命的道路。尽管不同国家开展工业革命的进程和步伐不一致，但最终均掀起了城市化的浪潮，并催生了一批新型工业城市，如"在英格兰米德兰地区斯塔福德郡南部的煤、铁矿区就诞生了7个新的工业城市，在苏格兰拉纳克郡的格拉斯福德地区形成了3个工业城市"[①]。但第一次工业革命是工匠在实践和借鉴前人的基础上不断试错完成的，大学对工业革命的影响微乎其微，这一时期大学与新型城市之间并未产生亲密互动。正如学者所言："早期的工业化无需大量的技术和科学，教育与工业化并无直接联系，……在这个过程中，技术人员的成长主要依靠个人的摸索和自身经验的积累，熟练工人的培养主要依靠个人之间、师徒之间的技能和知识的传递。故工业革命并没有向教育提出特别的要求。"[②] 此外，由于当时的工业被个体企业家或者一些家族式的企业所垄断，其生产和发展基本上不需要经过专门训练的科学家或者技术专家，新型工业城市的发展并不依赖大学为其培养专门人才。可以说，此阶段的大学与城市"彼此疏离"，两者并没有产生实质性的"交集"。

（三）19世纪中期至20世纪初的大学与城市

从19世纪中期开始，欧洲大学与城市的互动由"彼此疏离"进入"接轨结合"阶段，尤其是在工业方面"接轨结合"。第二次工业革命使欧洲大学与城市在需求供给方面产生"结合点"，新型工业城市的发展急需大学提供的各类专业人才，而大学也需要在城市发展中拓展发展机会，大学与城市良性互动

---

① 赵煦.英国早期城市化研究——从18世纪末后期到19世纪中叶[D].上海：华东师范大学，2008.
② 李立国.工业化时期英国教育变迁的历史研究[M].桂林：广西师范大学出版社，2010：236-238.

的征程由此开启。

大学是催生第二次工业革命不可或缺的力量。第一次工业革命，大学成为其源头并且为其提供不竭动力。德国教育家洪堡（Humboldt）的大学改革以及柏林大学的创办，使科研成为大学的职能之一，欧美等国诸多高校纷纷效仿其办学模式或改革原有大学。在这股浪潮的影响下，各种科研成果犹如雨后春笋般破土而出，并通过实践转化成各项实用技术，催生了第二次工业革命。

第二次工业革命催生了一大批新兴工业化城市，大型工业城市、国家贸易中心迅速扩大。伴随着新兴工业城市数量的急剧增加，大量的农村人口进入城市，加速了各国的城市化进程。第二次工业革命打破了英国一枝独秀的局面，出现了欧美多国百花齐放的新格局，资本主义世界真正进入到工业化时代。工业化时代的到来要求高等教育为其培养能够掌握各种技术的专业人才，尤其是威斯康星大学使"社会服务"成为大学的第三职能后，各国政府开始将高等教育纳入了国家工业化发展的轨道中，以期为国家工业、商业等方面的发展培养各类专门人才，这也是此阶段各国进行高等教育改革的基本目标。

大学成为城市工业社会的中心。为了满足城市社会发展对技术和人才的各种需求，各工业国家大都创办了一批技术院校和工科学院。例如，英国一些地方城市开始创办以发展工业和科学为目的的城市大学，而且学校主要分布在工商业发达的城市，在其课程设置方面，不仅有职业性质而且地方色彩浓厚，这些大学创办的主要目的是推动所在地方城市工商业的发展，而且大多数大学成为所在城市的工业研究中心。在工业化和城市化的影响和推动下，一向以传统著称的伦敦大学也开始强调加强与地方工商业联系，以牛津大学、剑桥大学为代表的传统大学在这种社会背景影响下主动接受近代科学技术的洗礼，科学技术取代宗教神学成为人们更为信奉的对象。"20世纪之前，虽然有许多潜在的变化，（传统）大学仍然属于有钱的绅士和培养绅士，到了20世纪20年代，大学成为近现代工业和社会的中心发电站，而不再是培养年轻绅士的机构。"[①]

除了英国以外，德国、法国等欧洲其他国家，城市或新型工业城市在工业化的浪潮中为了满足城市工商业发展需要，还新建了一些工科大学和一些专门

---

① 黄福涛.外国高等教育史[M].上海：上海教育出版社，2003：151.

学院，以适应城市化发展需求。工业化推动了一批新型工业化城市和高等教育机构的诞生，工业化带来的资本积累为建设大学或其他高等教育机构提供了物质支持。与此同时，这些新生的大学或者其他类型的高校，也通过为城市提供各种专业人才，推动了城市化和工业化进程。

（四）二战后至20世纪末的大学与城市

20世纪上半叶，一些欧洲国家为争夺世界霸权而穷兵黩武。两次世界大战使包括大学在内的所有社会部门或机构都卷入了战争旋涡，大学建设因战争而减缓或停滞，大量的校舍和设施被占领或摧毁。同时，两次世界大战和经济危机也使城市遭到严重破坏，各参战国的城市建设几乎完全停止。

战后，欧洲各国对包括大学与城市在内的各方面进行快速恢复和重建。在第三次科技革命的推动下，以工业起家的传统工业城市开始出现传统制造业萎缩、就业和人口衰减、种族歧视等一系列社会问题，构成了后工业时代老工业城市的"城市病"。与此同时，二战后，欧洲高等教育体系由精英型快速迈向大众化阶段，大学的高速发展也引发了一些城市问题，城市危机爆发。为了扭转城市危机，欧洲各国进行了大规模的城市改造活动，通过国家、城市当局和大学的共同努力，城市中心区的环境得到了一定程度的改善，但是传统工业城市获得新生的关键在于向以高科技和现代服务业为基础的后工业城市转变，而高等教育是实现这种转变不可或缺的重要力量。

两次世界大战的劫难，欧洲各国开始充分认识到大学对国家、社会发展的重要作用和价值，尤其是大学的科研和社会服务在国家生存危机和改革发展中的重要作用。战后各国在解决城市社会问题时，更加注重引导大学发挥其参与社会问题解决的社会服务职能。二战后，在科技革命的推动下，为了迎接新世界的挑战，欧洲各国相继建立了以大学、科研、高技术生产为中心的"智力密集区"，如英国剑桥科学园、德国慕尼黑城、法国科技城等。这不仅提升了城市的科技开发能力，促进了传统城市向后工业城市转变，同时加强了大学与城市之间的科技互动。

二战后，大学与城市互动发展随着大学社会职能的深化而进入全方位的"匹配相生"阶段。大学与城市之间的互动不仅体现在科技方面，而且在政治、经济、文化等方面的互动也是昭然的。尽管这种互动在不同的欧洲国家有所差异，但大学与城市的互动发展走向全方位是客观事实，也是一种不可逆转的趋势。

（五）21世纪以来的大学与城市

为了应对世界高等教育国际化和全球化的竞争，抗衡北美、亚洲以及大洋洲的高等教育体系，增强欧洲的整体实力和国际竞争力，尽早建成欧洲的高等教育区，实现欧洲高等教育一体化的格局，20世纪90年代末，欧盟推出了促进欧洲学者、学生内部流动以及高校教学和科研合作的相关项目，特别是欧洲29国签订的《博洛尼亚宣言》。该宣言的签署为欧洲区域范围内高校之间的交流与互动提供了广阔的平台，促成该区域内高等教育的核心力量整合，同时，也为欧洲各国之间进行跨国性、复合型人才的培养提供了一种新模式。

欧洲区域范围内的高等教育共同体和科研共同体彼此之间相互协作，共塑欧洲共识，推动欧洲在经济、文化等方面的一体化发展。欧洲国家在城市化与郊区化的对流和置换中，城市中心地带形成了以服务性、商业性和管理性为主的新的组织结构——大都市区组织结构。例如，法国的巴黎—鲁昂—勒阿弗尔大都市区，英国伦敦—伯明翰—利物浦—曼彻斯特大都市区，联邦德国的莱茵—鲁尔大都市区等。大都市区迅速发展的同时也带来了一系列城市问题，在各种压力下任何一种大都市组织都难以胜任整合区域事务的使命。为了治理大都市区的各种问题，欧洲组成了欧洲城市联盟和欧洲大都市网络两个重要的城际联盟组织，这两个联盟加强了大都市在技术、知识、资本、信息等方面的互通与合作。两大城市联盟的成立为欧洲高等教育一体化提供了社会支撑，同时欧洲高等教育的区域融合有助于欧洲各大学在治理大都市区问题中发挥社会服务职能，推动大都市区城市问题的治理进程，从而推动欧洲各国走向深度融合。概而言之，大学与城市互动呈现"大学联盟与城市联盟互动发展"的色彩，即互动发展的集群化和联盟化。

三、美国大学与城市互动发展的历史变迁

欧洲大学与城市的共生关系在某种程度上可以说是与生俱来的，但美国大学与城市的共栖关系是后天生成的。美国先有大学后有国家、先有城市后有大

学的发展史无不向世人证明美国大学与城市先天的"分离性"，大学与城市间的相依相生关系是后天环境的产物。纵观美国大学与城市发展与变迁的历史，大学与城市的互动具有鲜明的历史性和阶段性特征。

（一）殖民地时期至南北战争时期的大学与城市

1. 殖民地时期至独立战争结束

殖民地时期北美处于农业社会阶段，以开拓农业为主，这一时期所兴起的城市大都分布在大西洋沿岸的港口城市，而且这些城市大多是为了适应宗主国对殖民地掠夺和管理需要而建立的。也就是说，这些城市并非北美的政治中心或宗教中心，而是服务于宗主国进行多边贸易的商业中心。从城市的功能来看，殖民地时期的北美城市并非人口的"集聚区"，而是服务于殖民贸易的"流动站"，这些城市的人口流动性很强，人口停留时间短。具体而言，这些城市的对外功能主要是与宗主国进行贸易往来，是服务于宗主国的殖民地经济，对内功能是带动周边地区经济的发展，促进农业生产力的进步与发展，发挥着地区经济中心的作用。正如格莱布（Gleb）和布朗（Brown）所言："城镇并非因农业发展所促成的，而是在推动农业发展和向内陆开发的同时，又是能保持与欧洲大陆联系的枢纽。"[①]这也是殖民地时期城市大多兴起在大西洋沿岸港口的主要原因，即北美城市一开始是殖民地生活的灵魂所在。

17世纪初，受英王迫害的清教徒漂洋过海来到北美大陆，此时的北美还只是一个尚未开发的蛮荒之地，这不仅为殖民者开发此地提供了自由广阔的空间，还带来了清教徒所在的母国文化。殖民者在北美大陆要建立自己心中的"雅典"，使自身的宗教信仰世代相传，而并非要建立一个全国统一的政治经济文化中心。在其文化观念、宗教信仰的支配下，殖民者每到一处，就兴建教堂和学校来传播宗教，学院和学校成为这些教徒们延续其文明的最佳手段。在清教徒的积极倡导和影响下，美国先后创办了9所殖民地学院（详见表6），主要目的是为各个教派培养教士，也培养了世俗社会所需要的各种专业人才，但是宗教目的是最主要的目的。殖民地学院的目的，主要是传播宗教而并非服务于

---

① 王旭. 美国城市史[M]. 北京：中国社会科学出版社，2000：11.

社会。为了方便其传教，加上土地、租金、地理环境等因素的考虑，殖民者在学院选址上主要选择安静的乡村或者小城镇。例如，1636年创办的哈佛学院建立在波士顿的坎布里奇小镇；1693年创办的威廉·玛丽学院建在英属殖民地弗吉尼亚州的威廉斯堡，当时的威廉斯堡只是一个小城堡，1772年威廉斯堡才被授予皇家特许状升格成为市镇；1701年创办的耶鲁学院建在康涅狄格州纽黑文市，这里曾被称作"昆尼皮亚克"（意为长河之地）的印第安人村庄，当时的纽黑文市基本上就像一个村庄；1746年创办的新泽西学院（现在的普林斯顿大学）建立在新泽西州的普林斯顿小城；1764年创办的罗得岛学院（现在的布朗大学）建在距离波士顿45英里的普罗维登斯小镇；1766年创办的皇后学院（现今的拉特格斯大学）建在新泽西州的新布伦斯维克小城；1769年创办的达特茅斯学院建在新罕布什尔州的汉诺威小镇。这些殖民地学院中，国王学院、费城学院是建立在曼哈顿、费城这样的大城市，但是并未建立在大城市的中心。殖民地时期大学的"出世"特质与城市的需求是相脱节的，两者之间并没有利益上的共通点，各自按照自身的目的来发展，所以这些学院大多建立在便于传教的乡村地区。

表6　美国殖民地时期9大学院的分布情况

创办时间	名　称	分布地点	备　注
1636年	哈佛学院（今哈佛大学）	波士顿的坎布里奇小镇	
1693年	威廉·玛丽学院	弗吉尼亚州的威廉斯堡	当时威廉斯堡只是一个小城堡，1772年威廉斯堡才被授予皇家特许状升格成为市镇
1701年	耶鲁学院（今耶鲁大学）	康涅狄格州纽黑文市	当时的纽黑文市基本上就像一个村庄
1746年	新泽西学院（今普林斯顿大学）	新泽西州的普林斯顿小城	
1740年	费城学院（今宾夕法尼亚大学）	宾夕法尼亚费城	

创办时间	名　称	分布地点	备　注
1754年	国王学院 （今哥伦比亚大学）	纽约曼哈顿	
1764年	罗得岛学院 （今布朗大学）	普罗维登斯小镇	
1766年	皇后学院 （今拉特格斯大学）	新泽西州的新布伦斯维克 小城	
1769年	达特茅斯学院	新罕布什尔州的汉诺威 小镇	

这一时期的大学与城市在地域上是相分离的，表面上看大学与城市的发展目标迥异，事实上大学与城市在根本上都是服从于殖民者在传教和经济方面的利益，可以说大学与城市在空间上是毫不相干的独立个体，但是因殖民而兴起的大学与城市必然也摆脱不了被殖民的宿命。

2. 独立战争至南北战争结束

美国独立战争结束后至19世纪初，美国新建了一些学院，但这些学院主要坐落在阿勒格尼山脉以西的边疆地区，只有查尔斯顿学院（College of Charleston）和圣约翰学院（St. Johns College）建在东海岸沿岸城市，即分别建立在查尔斯顿市和切萨皮克港。因为刚取得独立后的美国，不仅需要具有政治和管理才能的领导人员，更需要强化公民的国家意识和民族意识，而边疆地区的居民由于远离政治、经济、文化中心，故急需培养和强化西部边疆地区居民的国家意识，使其成为适应美国社会的公民。教育是实现"公民化"的最佳手段，这种"公民化"的教育目的赋予了这些新建学院以及原有学院一种新的政治教育目的，即为国家培养良好公民和领导人才。随着工业革命的开展，美国开始由农业国向工业国过渡，同时，经济的发展、民族意识的独立、人口的增加以及西部边疆的开发，各地对高等教育需求增大，美国掀起了"学院运动"之风，大量学院如雨后春笋般建立起来。

美国独立战争虽然使其摆脱了英国的殖民枷锁，但是大学与城市空间分离的状态并没有得到根本性的改变，这些新建学院在选址时大多倾向于乡村小镇而不是大城市。正如阿布萨罗姆·彼得斯（Absalom Peters）所说："我们的国家将成为一个学院之乡。"①大学与城市的分离，在很大程度上是因为当时美国城市发展水平低且数量少，虽然独立后一些城市得到了发展，但是仅仅是一种低水平的、区域性的城市化。"学院运动"推动下建立起来的学院，以服务地方为主要目的，具有明显的地域性，除了本地区的人之外，很少有人知道。正如克里斯托夫·杰克斯（Christoph Jacks）和大卫·里斯曼（David Lisman）所言："内战前典型的学院，无论位于城市还是农村，五十英里之外几乎无人知晓。"②

1862年美国颁布促进农业发展的《莫雷尔法案》，该法案规定各州划拨土地专门用于建立进行"农业和机械工艺"教育的赠地学院。③法案适应了美国社会经济发展的现实需要，促使美国的高等教育向为经济社会发展直接提供服务的方向发展，但是这些赠地学院并非以服务城市社会发展为目标，而是以服务地方经济、文化发展为目标。这些赠地学院主要建在各州邻近农村人口集中的地方或者一些小城镇，而并非内战后新兴起的大型工业城市。就像布尔斯廷（Boorstin）所认为的那样："从欧洲人的观点来看，异乎寻常的是，从独立革命到南北战争这段时期里，很大一部分新的学院都设立在西部边远村落和定居点的边缘。在这段时间创建并陆续办到20世纪的180多所大学和高等院校中，有100所以上建立在原来的13个殖民地以外。"④

由此可见，美国从独立战争一直到内战结束，与大学亲密互动的是偏远边疆地区、农村或者小镇，而不是城市，城市与大学不仅在空间上分离，而且发展目标也是相去甚远，两者各自遵循自身的轨迹来运行。但是大学通过教育和教化来稳定边疆、乡村的经济和社会发展，这在某种程度上为国家创造了稳定的社会环境，也间接为城市发展提供了边缘保障。

（二）南北战争结束至二战时期的大学与城市

美国大学的选址具有一种"去城市化"倾向。尤其是美国独立后政府颁布

---

① 郄海霞.美国研究型大学与城市互动机制研究[M].北京：中国社会科学出版社，2009：45.
② 郄海霞.美国研究型大学与城市互动机制研究[M].北京：中国社会科学出版社，2009：66.
③ 郄海霞.美国大学与城市关系的形成特点及相关思考[J].比较教育研究，2008（01）：1-6.
④ [美]丹尼尔·布尔斯廷.美国人——建国的历程[M].中国对外翻译出版公司，译.北京：生活·读书·新知三联书店，1993：185.

了《西部法案》，该法案指出要积极开发西部地区，加强城市工业化进程。在该法案的影响下，原本创办于费城的宾夕法尼亚大学（1740年）于1872年离开了费城的中心校园，而是在费城西部购买了大片土地并将其迁往至西费城著名的"救济院农场"；原本建在巴尔的摩市的约翰斯·霍普金斯大学（1876年）后来迁往郊区；1861年建立在波士顿的麻省理工学院于1916年迁到剑桥城，据说是为了更宽广的查尔斯河沿岸离开了波士顿；据说当初康奈尔大学建立时，安德鲁·怀特（Andrew Whit）曾一度试图劝说伊斯拉·康奈尔（Isla Connell）把康奈尔大学建在锡拉丘兹，而非伊萨卡，但康奈尔最终还是把学校建在了自己的老家伊萨卡小镇①。美国学者帕森斯对于上述现象所做出的解释或许对我们有所启示："19世纪和20世纪初，美国理想的校园是在小城镇。大学对城市有一种憎恶感，如果它们'幸运地'坐落在城市中，它们会很快离开它。参与大都市的学术和文化生活不是它们的本性。理想的校园是在乡村。"②

南北战争结束后，由于美国城市的迅速扩展，原来试图"逃离"城市而处于市郊地带的大学反而被城市逐渐包围。③在工业化和城市化迅速发展的影响之下，新兴的工业城市为了自身的发展必须向大学寻求各类人才支持和帮助，大学为了满足城市的要求也开始"入世"，大学与城市开始进行实质性交往，表现为：研究型大学率先打破了大学与大城市的空间分离状态；大多数大学偏爱中小城市，并以中小城市为中心形成"大学城"；城市当局以财政支持的方式催生了一批城市大学或城市学院；随着大学的社会服务职能深化，城市社会学派诞生。

1. 研究型大学与大城市

在美国，"贯穿19世纪的不断加强的工业革命的力量，给学院和大学所发现的知识以越来越现实的影响。……学术知识，特别是占优势地位的研究型大学所提供的知识，发展了工业生产上的奇迹。"④在美国工业化与城市化的快速发展的现实下，尤其是19世纪中叶以后在工业化的需求以及留德归国留学生

① 赵俊芳.大学郊区化及其对城市文化的影响[J].高等教育研究，2010（08）：64-71.
② 郗海霞.美国研究型大学与城市互动机制研究[M].北京：中国社会科学出版社，2009：47.
③ 李鹏佳.大学与城市发展中的冲突及其协调研究[D].长沙：湖南大学，2007.
④ [美]约翰·布鲁贝克.高等教育哲学[M].王承绪，郑继伟，等译.杭州：浙江教育出版社，1987：17.

的推动下，美国在工业城市巴尔的摩市创办了美国第一所研究型大学——约翰斯·霍普金斯大学。该大学的建立不仅对美国研究型大学的成长发挥了决定性作用，而且还打破了美国大学与大城市在空间上分离的状态。

在霍普金斯大学的成功和榜样作用下，美国建立了一批新的研究型大学。这些新建的研究型大学在空间上不再远离大城市，而是直接建在大城市中心，特别是建在新型工业城市的中心，例如，波士顿学院和东北大学建在工业城市波士顿，芝加哥大学建在美国重要的工业城市芝加哥，美国大学（也称美利坚大学）建立在美国首都华盛顿等。这些新建的研究型大学在很大程度上是为了满足城市工业发展的需求而建立的，不仅在空间上开始与城市融合，而且大学在使命上开始关注城市社会的发展需要。政府在科研方面对研究型大学的鼎力相助以及美国城市社会发展的现实需要，使这些大学在美国经济、文化等方面的发展中扮演着越来越重要的角色，大学与城市之间很难再离开彼此而独立存在，两者间的融合与互动越来越密切。

2. 大学与中小城市

南北战争为美国的资本主义发展开辟了道路，不仅为美国迎来了第二次工业革命，还为美国建立新型大学提供了社会经济背景。工业资本主义经济的发展加速了美国城市发展的进程，美国的城市从19世纪下半叶开始进入鼎盛时期，在全国范围内初步形成了以大中小各类城市构成的城市网络。对此，有学者形象地说："美国诞生于农村，后来搬入城市，这个过程是19世纪后期完成的。"[1]同时，随着美国工业化进程的加快，以大机器工业为基础的近代工业城市逐渐占据着主导地位。新型城市的发展，需要掌握先进技术和新知识的高级专门人才，而城市这种需要只有大学才能够满足。这就如1869年哈佛学院新院长查尔斯·W. 埃利奥特（Elliot）发布就职演讲时所说："美国大学要承担起即将到来的城市化、工业化社会所负有的责任，就必须把自身演变成一幅图景。"[2]换言之，大学要主动适应所依存的城市所发生的变革并为其服务。但是此阶段大学与城市之间的互动尚处于初始阶段，并且互动主要集中在大学与中

---

① 王旭. 美国城市史[M]. 北京：中国社会科学出版社，2010：53.

② 李松丽. 19至20世纪初美国大学与城市的关系及其启示[J]. 内蒙古师范大学学报（教育科学版），2013（05）：40-43.

小城市。在这些中小城市中，逐渐形成了以大学和学院为中心的"大学城"，如密歇根州的安阿伯、佛罗里达州的克雷斯特维、马萨诸塞州的坎布里奇等大学城，这是在欧洲或其他国家所看不到的奇特景象。正如有学者所言："世界上没有任何一个地方像美国这样有如此多城市以学院和大学为主，很多国家的高等教育机构大都位于大城市和全国的首都。在欧洲，最古老和最著名的大学主要位于巴黎、伦敦和罗马等大城市以及经济繁荣的中心城市，只有少数例外，如德国的图宾根、意大利的锡耶纳和英国的剑桥。即使在历史和政体颇似美国的加拿大，这样的'大学城'也很少，加拿大几乎所有的公立大学都位于各省首府或主要的都市区。"①

3. 城市与城市大学（或学院）

随着大学对城市社会的作用不断地被认可，同时也为了满足城市社会各方面的需要，城市当局主动出资兴建了一些市立学院或大学。例如，纽约和底特律分别建立了亨特学院和韦恩大学。在城市政府的推动下，阿克伦、威奇托、奥马哈三座城市将原来的私立学院或大学转变为市立的学院或大学。"如果说赠地学院和其他州立大学是为美国的小城镇而设，那么市立学院和大学则是为城市而设。"②市立大学主要依靠城市政府的财政支持，并且主要为所在城市的居民提供高等教育服务，这也决定了市立大学自建立起就与城市政府、所在城市市民有着依赖与合作的关系。市立大学的兴起，密切了城市社会与大学之间的联系，使大学开始真正考虑城市社会的需要。同时，由于市立大学的财政来源主要是城市政府，城市政府能否为大学提供充足的财政支出，直接关系到市立大学的生存和发展。由于城市政府不能为城市学院或大学提供充足的财政支持，一些市立大学难以维持而转为州立大学。

4. 大学与城市社会学的诞生

城市作为一种文化复合体，就像是一个承载各民族、各文化相互作用的熔炉，不同类型的群体生活在城市中，彼此相互依赖。城市这种极强的包容性，将城市的各种常态和病态充分展现出来，所以，可以将城市作为一个实验室来

---

① 郗海霞. 美国大学与城市关系的形成特点及相关思考[J]. 比较教育研究，2008（01）：1-6.
② 郗海霞. 美国研究型大学与城市互动机制研究[M].北京：中国社会科学出版社，2009：51.

对其中呈现的各种病态进行研究。在工业化和城市化的推进下，大量移民在城市集聚，不同文化背景、社会阶层的移民，在改变城市的社会结构的同时，也带来严重的城市社会问题。芝加哥作为一个人口一半以上是由移民构成的工业城市，文化的多样性、迅速地城市化以及特殊的历史地位等因素，使其成为孕育美国社会学的温床。伴随着芝加哥城市工商业的快速发展，不同种族集聚在城市引起了城市住房问题、犯罪问题、贫困问题等，这些城市问题的出现必然会对城市发展带来一定的负面影响。与此同时，这些城市问题也吸引了大学的注意力。芝加哥大学理论联系实际的作风引导师生关注城市社会所出现的各种病态现象，在帕克教授等人的推动下，芝加哥大学的师生对芝加哥市各个区域展开了实地调研，并且写出了外国移民、种族聚居区、青少年犯罪等社会现象的分析报告，对于这些城市问题还提出了一些解决途径，在此基础上形成了研究城市发展的理论。1892年，社会学家A. W. 斯莫尔（Albin Woodbury Small）在芝加哥大学创建了第一个社会学系，芝加哥大学也因此被视为美国社会学的发源地。城市社会学最早诞生在芝加哥大学，离不开学者们的努力，也离不开城市对芝加哥大学的财政支持、道德支持，城市社会学的诞生是芝加哥大学与芝加哥互动的产物。

（三）二战结束后至20世纪90年代的大学与城市

第二次世界大战以后，美国大批的退伍军人回来安家落户，一方面刺激了城市的建设和发展，另一方面退伍军人的入学浪潮也推动了美国高等教育从精英教育迈入大众教育。1957年，前苏联第一颗人造地球卫星上天给美国政府带来了强烈的危机感，美国政府开始反思，认为美国在太空方面落后于前苏联的主要原因就在于教育，尤其是高等教育，为此联邦政府开始以财政拨款的方式干预和帮助美国大学在科研方面的创新和发展。20世纪60年代，美国社会民主运动不断涌现，各种民权运动、反越斗争等此起彼伏，这些问题的出现推动了美国高等教育向大众化、民主化的方向发展。与此同时，美国城市发展进入到一个全新的时期。一方面，城市人口规模不断扩大，到1970年城市人口占全国人口的70%以上；另一方面，美国中心城市的辐射功能日益增强，在空间结构上逐渐形成了包含中心城市区和周围郊区的大都市区。城市的蔓延和扩张势必会带来城市问题,民权运动与城市问题交织在一起使城市危机加剧,城市危机势必会波及城市中的大学。

为了有效解决城市中心区下层居民的住房问题,联邦政府发动了一场自上而下的治理中心城市运动,在以知识和科技为主导的时代,大学作为中心城市的重要有机体之一,联邦政府和城市政府意识到大学在城市更新运动中的特殊作用。这一时期的大学大多位于城市贫民窟周围,恶劣的周围环境影响大学的发展,大学需要与城市政府合作来为其扩展一个良好的生存发展空间。1959年国会通过了被称为"大学与城市之间的和解"的《国家住房法》。该法案第112条规定,大学或大学的非营利机构在邻近或属于城市更新计划的范围内,为了获取土地、建筑物或其内部设施而进行的拆毁……重新安置居住者和恢复建筑物等活动,每花1美元,便可获得3美元的联邦城市更新补助。这些获得、拆毁或恢复的土地和建筑物必须用于教育,而且要和城市更新计划以及大学或其非营利机构提出的发展计划一致。①大学通过城市更新运动获得了更多廉价的土地,但是大学也因土地问题与周围社区产生冲突,使大学与城市社区处于一种敌对状态。城市更新运动并未能如愿地治理中心城市的问题,反而使种族隔离和贫富分化进一步加剧,中心城市和郊区的差距进一步拉大,城市离心化倾向明显,从而使城市出现了新的危机。对于城市出现的危机,起初大学并没有主动参与解决,反而成为学生和市民攻击的对象。后来城市危机的恶化威胁到大学的生存和发展,大学开始通过为城市穷人提供教育、主动与社区发展良好关系、开发城市问题研究计划等方式,参与城市问题解决,主动化解大学与城市社区之间的各种冲突和矛盾。这些做法也增强了大学与城市之间的互动和联系。

在科技革命的推动下,自20世纪70年代开始,美国逐步由工业经济向知识经济转变,而高深知识源于教育尤其是高等教育,科技发展使高深知识不断社会化、实用化,在某种程度上契合了城市经济发展的需要。与此同时,美国城市已经进入到大都市区化,大都市区中也出现了种族主义、吸毒、环境污染、青少年犯罪、贫民等问题。进入20世纪90年代,美国城市出现了第二次

---

① 郗海霞. 美国研究型大学与城市互动机制研究[M]. 北京:中国社会科学出版社,2009:56.

危机。作为城市有机体的重要组成部分，作为大都市区化时代发展的人工智能，大学以都市大学模式对城市危机做出反应。90年代，都市大学在美国教育中作为一股新生力量和新型模式崛起，并且得到了城市社会和学术界的认可。"都市大学既不像传统的研究型大学那样封闭与顽固，又不像社区学院那样缺少学术性，它是介乎于两者之间的一种新型机构。"[①]都市大学以"地方中心论"为服务理念来取代以大学自我为中心的理念。都市大学的使命和任务就是与都市所在地区建立一种合作共生关系，它与周围环境、社区相互作用、相互合作，其服务范围具有地方性倾向。都市大学是城市区域发展的主要智力资源，通过应用研究与基础研究为都市大学周围社区解决复杂问题，能够根据城市社会的动态发展需要来迅速应对各种挑战。

在新技术时代，美国大学尤其是一些研究型大学与城市的融合共生，主要是通过大学"科技园"来实现的。例如，斯坦福大学附近的硅谷、加州理工学院附近的航空街以及东南部由杜克大学、波士顿地区的128号公路、北卡罗来纳大学和南卡罗来纳大学构成的"三角研究中心"，这些科技园和研究中心以大学为基础来推动整个都市区的成长和发展。都市大学成为大学与城市之间进行互动的纽带和桥梁，大学主动参与城市问题的解决是大学与城市取得共赢的互动过程，城市社会中的各种问题不仅是大学进行各项研究的对象以及进行理论检验的素材，而且大学还能从中获得一定的回报和收获，即大学赢得了城市社区对其尊重和信任，获得了城市当局对其各项财政支持，还提高和扩大了大学的声誉，促进了大学的成长和发展。

（四）20世纪90年代以后的大学与城市

历经两次城市危机的洗礼，进入到20世纪90年代后，大学与城市在各方面的彼此依赖程度不断深化。"你中有我，我中有你"的共生关系更加深入人心。大学与城市在文化、科技、经济等方面形成了全方位的互动与合作。同时，由于大学与城市在价值追求、任务使命以及发展空间等方面的差异也存在冲突和竞争，大学与城市的共生关系兼具竞争与合作双重属性，大学与城市之间这种竞争性和冲突性的共生关系并未使两者走向分离。相反，竞争、冲突的结果

---

① 曹东. 都市大学——美国高等教育的一种新模式[J]. 辽宁高等教育研究，1998（04）：78-81.

是拉近两者的距离并且延伸新的"合作点"，在竞争、合作、冲突、新合作、新竞争、新冲突这个无限循环中成长和发展。

通过对中国、欧洲、美国的大学与城市互动的历史进行追溯可以得出大学与城市之间的互动发展规律，即从冲突走向合作、从被动走向主动、从单一走向多元、从依附走向共生，而大学与城市互动发展规律产生的根本原因在于文化，文化是大学与城市互动的共源及载体。

在农业文明时代，大学与城市发展都处于很低的发展阶段，进入大学只是少数人所享有的特权，城市发展水平极低。这一阶段大学与城市之间的交往只是一种低层次、低水平的互动，大学与城市之间的互动是一种隐性互动，主要是渗透在政治和社会生活中，以政治和经济社会生活为媒介，同时，大学与城市之间的互动并非出于互动主体的主观愿望，而是为了获取生存特权、政治权力以及地位的需要，因此，这一阶段大学与城市之间的互动中充斥着各种矛盾和冲突，农业文明时代大学与城市之间的文化互动呈现隐性、被动性、依附性和冲突性的特征。在文艺复兴、宗教改革运动以及地理大发现的影响下，人类社会开始进入到工业文明时代。在这个全新的时代，城市化进程在工业革命的推动下迅速发展，一些欧美国家相继进入到城市化阶段。在这一阶段，高等教育也获得了新的发展，大学的三大职能得到确立和认可。这一时期一些欧美发达国家的大学与城市都获得了新的发展，大学与城市之间的互动也呈现出新的阶段特征。在两次工业革命的推动下，大学与城市互动的方式由隐性变为显性，互动主体的主动性也日益增强，尤其是当人们认识到大学在城市社会发展中发挥着越来越重要的作用的时候，大学与城市之间的冲突型互动也开始向合作型互动转变。大学与城市之间虽然在某些方面依然存在着冲突和斗争，但是在工业文明的哺育和推动下，大学与城市之间的互动发展成为以合作为主，而且两者互动水平比农业文明时代提高了一个新的层次。进入到现代社会后，尤其是在科技革命和信息革命的推动下，大学与城市都获得了新的发展，城市化已经发展到很高的水平，大学成为城市社会发展的中心。在科技的推动和作用下，大学与城市中各要素之间的联系也越来越紧密，大学与城市之间的互动开始走向一种全方位的互动。在经济全球化和高等教育国际化、全球化的影响和推动下，大学与城市之间的互动也呈现出国际化的特点，大学与城市文化在内容上的多样化、在空间上的国际化都是建立在文化融合和认同的基础上的。

大学与城市互动发展中无论是冲突还是合作、被动还是主动、依附还是共生、单一还是多元、隐性还是显性，都与大学与城市所在的时期的文化发展状况息息相关。农业文明时代，文化水平低，大学与城市之间的交流与互动主要以政治、经济社会生活为媒介，而政治、经济社会生活是当时社会文化的反映和载体，所以两者之间的互动来源于政治、经济社会文化。虽然大学与城市主体所代表的文化立场各不相同，但正是这种文化之间的冲突才刺激和推动大学与城市之间的交流与互动，为大学与城市文化互动走向更高层次和水平的发展奠定了基础。工业文明时代，在各种文化运动以及战争的影响下，文化开始出现进一步的融合，尤其是大学在城市社会中所扮演的角色越来越重要，大学与城市之间的互动载体也随着文化的进步开始多样化，伴随着文化融合走向合作型互动，两者之间的互动水平在文化的推动和影响下得到了很大的提高。在现代文明社会，不同地区、不同民族之间的文化融合超越了时空的限制，大学与城市之间的互动形式、空间、内容都向着多元化的方向发展。无论是哪一个阶段的大学与城市，它们之所以会产生交集，是因为两者之间存在着共性文化和个性文化，这些文化既包括共同的政治经济社会文化，还包括具有对立属性、代表不同主体立场的冲突文化，无论是何种类型的文化，它都以其特有的方式来影响大学与城市之间的互动关系。文化的发展水平、发展程度、发展层次对大学与城市互动发展的水平产生重要影响，一般来说，文化发展水平越高，大学与城市互动发展的关系越亲密。文化在社会变迁中不断进步和发展，它是社会发展的产物，同时也是对社会发展的反映，是不同社会主体进行交流必不可少的媒介，所以文化不仅是不同时期、不同地域、不同民族的大学与城市之间进行互动的重要来源，还是两者之间进行互动的载体。

第三章

大学与城市文化互动的共时态考察

　　大学与城市是人类的伟大创造，也是人类社会进步的象征和标志。大学与城市作为两种不同的有机体存在，同时也作为共同体而存在。从共时态维度来看，大学与城市作为互利共生的共同体，它们之间存在哺育与反哺、整体与局部、合作与竞争、依赖与自主的关系。大学与城市的关系具有普适性意义，它既是分析大学与城市文化互动发展的理论框架，又是统筹推进大学与城市文化互动发展的实践逻辑。

一、大学与城市的文化互动关系范型

　　城市孕育大学，大学滋养城市。大学与城市共生，既是知识经济时代的特征，又是知识社会发展的必然，两者在复杂、相互关联的系统中成为共荣共生的校城共同体[①]。校城共同体中，大学与城市之间是哺育与反哺的关系，是整体与局部的关系，是合作与竞争的关系，是依赖与自主的关系。

（一）哺育与反哺的关系

　　城市是大学诞生的母体，它既孕育了大学又哺育着大学。同时，大学也反哺城市。城市与大学间的哺育与反哺存在时间上的先后，城市对大学的哺育在先，大学对城市的反哺在后，哺育是反哺的前提，换言之，城市与大学之间的哺育与反哺具有时间上的继起性。但是哺育与反哺并不是同时并存的，因为城市对大学的哺育以及大学对城市的反哺过程并不是"立竿见影"的，并非城市哺育大学，大学就能随之回馈城市，哺育与反哺的过程存在着时间效应和累

① 史秋衡，周良奎. 校城共同体：地方应用型本科高校与城市共生关系新范型[J]. 高等工程教育研究，2022（04）：128-134.

积效应。城市与大学之间的"付出—反馈"型关系，表明城市与大学之间是一种交换逻辑的存在，这种交换不仅包括物质方面的有形交换，还包括精神方面的无形交换。城市对大学的"输入"包括财政、土地等物质投入，师生、管理人员等人力投入以及各种价值观、社会规范、文化风俗等，大学往城市方向的"输出"主要以人才产出、知识和科技成果方面的社会效能为主。城市与大学之间的交换本应该是"哺育"与"反哺"、责任与义务的双向和平衡关系，但实际上城市与大学之间的资源流动并非一种等价交换，也并不存在一对一的即时交换，实践中两者的力度是不对称、不均衡的。城市空间中坐落着很多大学，城市就像是大学的"家"，然而，一些大学虽然在物理空间上归属于所坐落的城市，但是其精神空间并不从属于所依附的城市，这些大学在城市中找不到"家"的归属感，因为城市当局对于大学的关注更多地聚焦在大学服务于城市的外在认识，而不是基于大学的内在特殊性的认可。并且城市社会中不同类型的大学在层次、地位、功能方面是有差异的，这也决定了不同大学在城市发展中具有不同的"生态位"，城市当局对不同"生态位"的大学的输入也是不均衡的，城市当局为了更好地发挥大学服务于城市经济的功能，在对大学进行资源分配时往往与其所处的"生态位"高低成正比，而并非根据不同"生态位"大学发展的客观条件和现实情况进行资源配置。城市当局对大学的"差别待遇"不仅会影响大学对城市的归属感，也会限制部分大学在教学、科研以及服务社会的质量。尽管城市当局对于大学"哺育"并没有做到尽职尽责，然而大学却履行着"反哺"城市的义务，通过培养人才、科技创新等服务于所在城市社会的相关领域。

城市作为区域内一个相对完善的有机体，城市区域内教育、文化、科技、经济等要素是紧密联系的，城市的发展需要大学与之相配合、为其服务。大学主动地适应城市社会的发展需要，不仅是大学栖居城市社会的立身之本，而且也是大学反哺城市的基本要求。然而，实践中大学对城市的反哺存在着供需错位现象。在人才培养方面，大学所"产出"的人才结构与城市社会中各行各业的需求是不相匹配的，高校扩招虽然使高等教育的规模和数量方面有所扩展，但是很多高校并未能冷静而准确地预测城市社会对不同类型人才在未来的发展需求，因为城市社会需要的是多样化、立体化的人才，而大学教育隐藏着同质化的培养态势，致使大学所培养的专业人才与城市社会的要求还有较大的差距，加之城市社会对毕业生的接纳又具有一定的滞后性，使一些大学生刚毕业就陷入了"失业"的境地，致使大量的人力资源重复和积压，造成社会人才资源的浪费；在科研成果转化方面，由于大学科研课题在选题、人员参与方面缺少市场因素的考量，大学科研成果很大程度上仅仅停留在理论层面上的试验成功，科研成果与城市中的企业和市场不对接，不具有市场的领先性和生产的可行性，大学科研成果在城市社会中转化的时效性低，科研成果与城市社会需求是相脱节的。对于大学对城市反哺供需错位的现象，作为城市社会中相对独立的能动者，在城市发展中应该充当协调大学与城市供需错位的"协调大师"，立足于城市发展需要而不断地协调和修正发展过程中所呈现出来的错位现象。大学应该在城市社会发展中认清和找准自身的位置，要在和城市社会发展需求结合中寻求自身的落脚点，这样才能更好地反哺城市。

（二）整体和局部的关系

城市作为某一特定区域范围内的政治、经济、文化等方面的中心，势必会对其管辖范围内的各种要素产生很强的辐射作用和影响。城市的地位和作用决定了城市建设和发展的整体性，整体性是城市社会所具有的一种根本的存在特性。大学作为城市整体中的重要组成部分，具有城市整体性赋予它的社会规定性，城市发展的整体性要求决定了大学社会功能的发挥必须立足于城市整体发展，而不只是着眼于城市中的某一个方面。现代社会中经济力量已经逐渐成为主导城市社会的根本力量，因此城市在发展过程中更偏重于经济发展，身处城市经济社会这个大染缸中，大学教育不可避免地染上了经济色彩。在这种价值导向下，大学逐渐成为向城市输出快餐式教育产品的倾销地，经济在很大程度上主宰了大学的命运与选择。亚当·斯密（Adam Simy）在《国富论》中曾指出，人们从事社会中的各种经济活动是以追求自身最大经济利益为根本动机的。作为一种纯粹的经济主体，在不损害他者利益的前提下最大限度地追逐经济利益无可厚非，但是大学并非一个经济实体，而是一个求真育人的文化机构，在城市社会经济利益驱使下，一些大学"已经成了实利的下贱侍女，成了追逐欲望的工具"①。大学在城市经济的影响和带动下，其"经济功能"得到了最大限度的发挥，但这有悖于城市整体和谐发展的初衷，这不仅会使大学越来越偏离其本真的轨道，还会出现城市整体发展失衡的危机。

事物的整体由若干个部分所组成，整体是依赖于各组成部分而存在的，脱离某一部分而存在的整体是不完整的，部分制约着整体的存在形态。就像是一台机器如果没有成套的零部件，或者说零部件虽然齐全但并不符合规格，那么机器的整体性能必然会受到影响。大学作为城市有机整体的组成部分，必然会影响城市的发展。大学对城市的作用是以"人"为中介来实现的。人是社会性和个体性的高度统一体，是构成社会有机体的唯一能动因素，而城市社会是人的集合体。城市中人的发展不仅是衡量城市社会发展的最高尺度，还是推进城市社会发展的根本动力和不竭动力，所以从根本上来说，人的全面发展是城市整体发展的实质，人只有首先成为一个全面发展的"人"，才有可能成为城市社会发展所需要的"才"，而人的全面发展离不开教育，"教育不仅是提高社会生产的一种方法，而且是造就全面发展的人的唯一方法"②。而现实中的大学教育并不能适应人的全面发展的要求，大学中普遍存在着"重理轻文"的倾向，大学适应"社会需要"所培养的大多是沉湎于"技术理性"的工具人，并非全面发展的人。这种工具属性的社会人虽然在暂时地满足城市社会对于某一些方面的专业人才的需求，但是这与城市社会发展的长远利益并不相符，更不可能促进城市整体的和谐发展。

事实上，整体和部分并不存在明确而绝对的界限，而是相互映现、相互感应、相互贯通的统一体。整体和部分在概念上是相对而存在的，整体体现部分，部分映现整体、包含整体，部分也是一个相对独立的整体，所以整体中不仅包含部分，还包含整体。大学是城市社会中一个相对独立的机构，它本身也作为一个有机整体而存在。大学与城市作为两个相对独立的有机整体并非两个相互孤立存在的个体，而是在相互影响、相互联系中而存在。正如黑格

---

① [日]A. J. 汤因比，池田大作. 展望21世纪——汤因比与池田大作对话录[M]. 苟春生，朱继征，陈国梁，译. 北京：国际文化出版公司，1985：61.

② [德]马克思，恩格斯. 马克思恩格斯全集：第23卷[M]. 中共中央马克思恩格斯列宁斯大林著作编译局，译. 北京：人民出版社，1972：530.

尔（Hegel）所言："每一方只有在它与另一方的联系中才能获得它自己的本质规定，此一方只有反映另一方，才能反映自己。另一方也是如此。所以，每一方都是它自己的对方的对方。"①大学作为一个追求真理、发展学术的学术性机构，其追求真理、发展学术不是"为真理而真理""为学术而学术"，而是为了满足人的需要，而城市是一个以人为中心的社会组织，所以大学追求真理、发展学术不仅是大学的内在规定性，也是满足城市社会需要的外在诉求。城市作为以人为中心的社会组织，文化是人之本质的存在，在某种程度上可以说城市的本质是文化。在人的文化本质的形成过程中，"大学是这一现实在其起源意义上的肇事者，……没有大学，现代社会将失去它最为重要的文化更新和新人之培养的重要工具"②。

（三）合作与竞争的关系

大学是一个利益相关者组织，城市社会中的社区、企业和政府是大学最重要的外部利益相关者，它们之间因利益共生逐渐形成一种合作伙伴关系。大学与城市之间的合作是大学与城市社区、企业、政府四个系统在社会环境下，尤其是在市场经济因素的影响下，以并行或串行的方式相互作用而共同构成的一个动态、开放的网络系统。任何一个组织都不可能掌握和控制它所需要的所有资源，故具有不同资源结构和资源层次的组织走向合作成为时代发展的必然。城市社区是城市社会中最基本的组成单元，大学作为城市社区中的基本组成单位，社区是大学成长和发展中不可或缺的外部环境，在某种程度上可以说大学是社区中最为优质的黏性资产，可以说大学与社区是一个命运共同体，两者相互影响、相互制约，所以大学的行为活动应该具有一定的社区导向。正如埃拉·哈科维（Ira Harkavy）所言："大学的使命和职能都要与地方社区相结合，其教学、研究和服务这三大职能都应具有社区导向。"③大学与社区虽然具有各自的资源优势，但实际上大学与社区之间共享的资源利用率并不高，而且真正与社区合作的往往是一些地方院校，一些研究类的大学几乎很少与社区合作。

---

① [德]黑格尔. 小逻辑[M]. 张世英，译. 长春：吉林人民出版社，1982：254.
② 汪明义. 论大学的文化本质[J]. 高等教育研究，2015（09）：12-17.
③ 张泽平. 论大学与社区的合作[D]. 太原：山西大学，2013.

大学与城市社区虽然在空间上紧密联系，但是很多时候大学只是城市社区中的"孤岛"，两者之间的交流仅限于生活方面的单向流动。伴随着知识经济时代的到来，科技和经济的一体化已经发展成为社会发展中的主流趋势，这种社会背景下越来越多的大学和企业把视角转向外部，以合作的方式克服科教与经济之间的壁垒，通过资源互补来重塑自身竞争优势。"资源势差"是大学与企业之间资源流动的内在本质，两者之间的资源流动会带来资源的聚合、重组、激活和创新，为彼此带来双赢的结果。大学与企业间的"资源势差"成为两者合作的自然推力，两者间的"利益互补"成为合作的社会动力。目前大学与企业通过合作开发科研项目、建立教学科研合作基地、校企联合培养人才、联合办科技经济实体等方式形成了形式多样的合作关系。大学在与城市社区、企业进行合作的过程中，城市当局虽然不是主体，却作为第三方而占有一定的"生态位"。市政当局以财政资助、政策调控、法律监督等方式形成大学—政府—社区—企业生态位的"连接"方式，保证大学与城市社区、企业合作的有序进行。

大学与城市既是两类异质的独立有机体，又在某些公共资源方面相互依赖，而资源是有限的，大学与城市之间形成了一种既合作又冲突的竞争性共生关系。随着城市化进程的加快，城市的空间资源日趋紧张，加之高等教育大众化阶段的到来，大学扩张的需求也日益旺盛，为了拓展自身的生存与发展空间，大学不得不与城市争夺有限的土地资源。在这场争夺战之中，大学在城市中的空间布局历经了从城市内向城市边缘的演化，在城市郊区建设新校区自然成为大学扩展自身生存和发展空间的必然之举。大学外迁郊区可以暂时缓解城市功能布局调整和大学空间扩张的双重压力，但是也引起了郊区耕地过度占用、土地资源浪费等连锁反应。郊区的生活配套设施滞后或者不完善，故人们大都生活在主城区，郊区上班、市区居住的空间错位现象已经成为一种常态。交通作为一种共享的空间资源，自然承担起连接城市与郊区大学的主要纽带，工作与居住功能的空间失配造成职住分离，这样不仅会增加教师的交通成本，而且还将产生大量"离心型"的通勤交通。教师每天上下班钟摆式的交通流给城市道路和公共交通带来了很大压力，加剧了城市交通的周期性拥挤。大学与城市之间的相互竞争对于它们的发展并非只有消极作用，同时还是促使它们发生变化的根源与驱动力，竞争本身就包含了一种内在解决的要求。大学与城市间的竞争并不是一种反常现象，竞争的过程中在某种程度上可以实现利益上的整合，为各自赢得最大的利益。大学与城市在空间上的竞争，不仅能促进城市空间资源的优化和城市交通系统的完善，还能促进它们之间利益上的整合和协调发展。

（四）依赖与自主的关系

阿什比曾说过："任何类型的大学都是遗传与环境的产物。"[①] 遗传是以保持物种特性为本位和出发点，是指大学作为学术机构而存在的内在逻辑。大学的存在和发展并不是真空，而是处于特定的社会结构之中。城市作为大学生存和发展最为直接的外部环境，势必会大学产生各种层次的影响。城市与大学从本质上来说是一种相对"松散"的联系，大学既依赖于所在的城市，又具有相对独立性，超越这座城市。

大学从一个"居住僧侣的村庄"到一个"知识分子垄断的工业城镇"，再到一座"无穷变化的城市"的变迁，大学从一个封闭"象牙塔"蜕变为一个开放的"服务站"，由城市社会的边缘走向城市的中心，这无不证明在复杂多变的环境下大学依然具有极强的能动性和适应性。大学是一个资源依赖型的组织，作为高深知识的生产机构，客观上依赖城市社会提供各种资源，同时大学也以人力和智力为中介服务于城市。大学对城市中各种力量的依赖，城市对人才和知识的需求，使城市与大学之间架起了一座桥梁，两者相互依赖、相互依存。"大学的存在时间超过了任何形式的政府，任何传统、法律的变革和科学思想，因为它满足了人们的永恒需要。在人类的种种创造中，没有任何东西比大学更经受得住漫长的吞没一切时间历程的考验。"[②] 这种永恒的需要是内在的，存在于大学的本体价值并且以隐性的形式作用于社会之中的对人类和社会的永恒承诺。"如果社会不能从原有机构中获得它所需要的东西，它将导致其他机构的产生。"[③] 大学的永续发展依赖于社会需要和它的社会贡献，如果大学不能为城市社会创造价值，就有被其他机构取代的危险。

---

① [英]阿什比.科技发达时代的大学教育[M].滕大春，滕大生，译.北京：人民教育出版社，1983：7.
② [美]约翰·布鲁克.高等教育哲学[M].王承绪，等译.杭州：浙江教育出版社，2002：30.
③ [美]约翰·布鲁克.高等教育哲学[M].王承绪，等译.杭州：浙江教育出版社，2002：30.

大学作为一个有机体，本身具有外在的社会性和内在的学术性，就其学术性来说应该是自由的，就其社会性而言则是受限制的。大学作为一个复杂而独立的有机体，是一种自为的社会系统，"是一个能与生命有机体相类比的具有灵性的社会机构"①。城市中的大学是相对独立的，有其自身发展的逻辑和存在的必然性，应该与城市社会保持一段"理性"距离，这是大学进行学术自由的客观要求。如果学术成为政治经济点缀的工具，那么这种学术并非一种"真学术"，而是一种"伪学术"而已。大学的学术相对独立性决定其具有超越性，大学只有在超越的过程中才有可能获得它自身的规定性，才可能找到其存在的合法性。"每个学者不应为了非学术的动机违心地改变或抹杀自己内心所企及的真理，都有义务遵守自己的学术良心，并行使捍卫个人见解的权利。"②大学的社会责任和使命是自由的外延，故大学的学术自由并非为了自由而自由，而是为了创造而自由，是有条件限制的相对自由。大学学术自由的实现依赖城市给予大学一定的限制，否则"没有限制的学术自由就会像经济上的没有限制的不干涉主义一样成为灾难。"③学术自由必须以依赖其作为发挥某种社会功效的工具属性，才可能获得其持续存在的合法性，否则没有社会限制的学术自由可能会使大学走上偏狭、落后的轨道。而且，城市对大学的适度干预有助于大学接收外界的新信息，获得研究的新鲜血液，扩充大学的学术研究领域，有助于其更好地服务、批判和引领城市社会走向可持续发展。

二、大学与城市文化的互利共生关系

大学与城市文化之间并非相互独立的，而是相互影响、相互促进、相融相生、共存共荣的共同体，互利共生是维系共同体可持续稳定发展的最根本动因。大学与城市文化的互利共生关系，一方面表现为，城市文化赋予大学地域特色，为大学文化的成长与发展提供土壤和空间；另一方面表现为，大学在传承城市文化、引领城市文化、辐射城市文化和创新城市文化方面发挥着不可替代的作用。

---

① 杜作润，高烽煜.大学论[M].成都：四川教育出版社，2000：175.
② 许纪霖.智者尊严——知识分子与近代文化[M].上海：学林出版社，1991：237.
③ 许纪霖.智者尊严——知识分子与近代文化[M].上海：学林出版社，1991：237.

（一）城市文化之于大学的作用

1. 城市文化赋予大学地域特色

文化之所以具有多样性，就在于它植根于特定的自然环境和社会历史，归属于一定的地域之中。因此，自然、地理、历史以及社会等方面的变迁与演进造就了不同的城市，形成了风格迥异的城市文化，也使城市文化天然地带有地域性、民族性和时代性。城市作为一个生命有机体，如同人一样，也具有一定的"记忆"能力，城市中所拥有的地方特色建筑、历史文物古迹、传统的风俗习惯以及生产生活方式等，无不向世人诉说着一座城市的历史，这不只是对城市历史的记忆和积累，更是一种对城市文化的传承和积淀。德国的哲学家斯宾格勒（Spengler）曾说过："每一种文化都是植根于它的土壤，各有自己的家乡和故土的观念，有自己的'风景'和'图像'。"[①]对于城市中的大学而言，其"家乡和故土"就是它所依附的城市。大学作为城市中的一种文化载体，势必会受到城市中各种文化的滋养和哺育，正所谓"一方水土养一方人"，依附于城市的大学必然会被打上地域文化的痕迹。

任何一种文化都不仅仅只是一种精神存在，都会依附于一定的物质载体而存在。城市中的地域文化并不存在于"真空"之中，而是依赖于一定的物质载体，其文化内涵和精神在大学的文化载体中会有一定的反映和渗透，大学在进行文化建设的过程中势必会折射出所在地域的文化特色。大学物质文化是城市文化的物质载体，是城市的历史传统、文化底蕴、精神内涵和个性特征的物质化体现，渗透于大学校园中，具有思想性与文化感、艺术性与时代性并存的特征。"物质本身并不是文化，而这些物质的文化蕴含在于，这些物质都是人创造的，是人们的精神世界的对象化的物化，任何人造物上都蕴含着人们的某些思想、情感等精神内容。"[②]大学中的很多物质载体都在诉说着自身所具有的特定历史和文化。譬如，一些大学的纪念性建筑，这些纪念性建筑既有历史传承下来的具有纪念和文物意义的校园建筑，像清华大学的清华学堂、武汉大学的老斋舍、湖南大学的岳麓书院等，也包括大学为恢复和再现历史场景和情景而

---

① 韩明涛. 大学文化建设[M]. 济南：山东人民出版社，2006：414.
② 张德，吴剑平. 校园文化与人才培养[M]. 北京：清华大学出版社，2001：190-191.

87

第三章　大学与城市文化互动的共时态考察

建设的纪念性建筑，如北京大学修建的西南联大纪念碑；浙江大学抢运校产、费巩明灯、百鸟归巢等纪念性雕塑，再现了学校西迁主题文化；东北大学为缅怀"一二·九"抗日救亡运动而建设的纪念性群雕，等等。还有一些人文景观，像曲阜师范大学的孔子文化广场、孔子铜像、儒家经典石刻等无不向世人展现伟大的儒家文化；浙江大学把新建好的大楼用历史上的地方先贤来命名，像"舜水馆""阳明馆"等。深圳的"拓荒牛"精神、上海的"浦东"精神等城市文化，都可以在该城市中的大学找到这些精神文化的痕迹；北京大学的"爱国、进步、民主、科学"、南开大学的"允公允能，日新月异"等，无不渗透着大学所在城市的某些文化特性；山东大学的齐鲁文化、郑州大学的中原文化、中山大学的岭南文化等都是地域文化融入大学文化建设的产物和证明。

2. 城市文化对大学影响的"双面性"

城市文化与大学文化两者之间的关系可以说是"系统"与"要素"的关系，大学文化作为城市文化的重要组成部分之一，必然会受到城市文化的作用和影响。正如人类学家弗朗兹·博厄斯（Franz Boas）对文明采借与社会进步之间关系曾做过精辟概括："人类的历史证明，一个社会集团，其文化的进步往往取决于它是否有机会吸取临近社会集团的经验。一个社会集团所获得的种种发现可以传给其他社会集团；彼此之间的交流越多样化，互相学习的机会也就越多。"① 中国的大学基本上都是"依城而建"，城市中多元文化为大学文化的成长和发展提供了空间和土壤，大学在城市文化的熏陶和浸染下，城市文化既哺育和滋养了大学，同时城市文化也会给大学带来消极影响。具体表征如下：

城市文化对大学文化的积极影响。主要表现为：第一，城市文化为大学文化多样性发展打造价值舞台。城市在建设与发展过程中，形成了图书馆、剧院、博物馆等物质文化设施，而城市所形成的这些物质文化设施大部分都和大学或大学文化有着某种程度的关系，城市文化为大学文化的创新和发展提供了多样性发展的价值舞台。第二，城市文化为大学文化建设与发展奠定了物质基

---

① [美]斯塔夫里阿诺斯. 全球通史——1500年以前的世界[M]. 吴象婴，梁赤民，译. 上海：上海社会科学院出版社，1992：57.

础。大学地处城市之中，城市的交通、道路、公共设施、通讯设施、文化场所等物质文化环境，能为大学人进行教学、科研、社会服务、生活等提供便利。第三，城市文化辐射大学文化。城市文化哺育大学文化，城市作为多种文化的汇聚之地，其文化辐射功能使大学在进行文化建设时必定受到其影响，城市文化中的精髓和精神对大学文化建设会产生潜移默化的影响。大学教师和学生作为大学文化建设和发展的实践主体，他们的教育教学活动、科研活动、社会交往、日常生活等都是城市生活的一部分。城市的多元文化为大学文化建设提供各种社会支撑和精神支持，从而孕育和创造出适应新的时代需求的先进文化。

城市文化对大学文化产生的消极影响。主要表现为：第一，城市物质文化建设中的"千城一面"现象对大学物质文化建设产生了消极示范效应。伴随着城市化进程的加快，城市改造也加速进行，在现实利益的驱使下，一些城市的历史文化遗产或遗迹被各种商业性质的建筑所取代，具有相同风格的现代化建筑被大量地模仿、复制在城市中，甚至被视为城市中的标志性建筑，城市中具有地方特色的城市原始面貌正在消逝，"千城一面"的现象随处可见，一座座富有历史特色的城市正在走向消亡。在这种功利性的城市文化影响和示范下，大学在进行物质文化建设的过程中过于追求建筑的现代化而忽视对其文化内涵的塑造，致使大学的新建筑样式雷同，形成"千校一面"现象。第二，城市中消极的休闲文化对大学生发展产生不良影响。文化是人的生存环境和生活方式，但是并非所有的文化都会对人的发展产生积极影响。在城市社会中存在着一些消极的休闲文化，比如满足低级趣味的消遣、寻求变态的刺激、极度的物质消费，甚至为了炫富而走向违法犯罪等。这些庸俗、消极的休闲文化总是在不同的领域中扮演着各种角色，为部分大学生不正确地宣泄对社会的不满提供了可能和方便，对部分大学生的健康发展产生了消极的示范效应。一部分大学生受到这些消极休闲文化的影响，将追求物质财富、享乐主义等作为人生的终极奋斗目标，缺少对国家、民族命运的关注，缺少对人类意义、生命价值的思考，不利于大学生形成正确的价值观，也不利于他们的身心健康成长。

（二）大学之于城市文化的功能

大学作为城市中吸纳、培养和输出人才的智库，为城市文化的创新和发展提供了无限可能。大学作为城市中具有高层次、深内涵的文化组织，它的高层次性、高深性决定了其在城市文化建设中的特殊地位和重要作用。大学既依托于所在城市，又超越所在城市，对城市文化的传承和发展起着引领、辐射和创新的作用。

1. 大学引领城市文化

一般而言，大学依托城市而建，大学的社会服务职能和文化职能决定着其肩负着服务于城市文化之责。大学是引领社会进步的重要力量。大学的文化引领职能可谓是大学与生俱来的职能，也是大学的一种基本职能，是包含于其他三种职能之中的，在某种程度上可以说大学的发展历程就是大学引领文化的过程。大学的文化引领职能是城市社会中任何一个组织或机构都不能代替的，就像弗莱克斯纳所言："在这动荡的世界里，除了大学，在哪里能够产生理论，在哪里能够分析社会问题和经济问题，在哪里能够理论联系实际，在哪里能够传播真理而不顾是否受到欢迎，在哪里能够培养探究和讲授真理人，……人类的智慧至今尚未设计出任何与大学相比的机构。"① 可以说，大学文化在复杂多样的城市文化生态系统中具有引领性地位，它属于城市文化的一部分，但是绝不是城市文化的附庸；大学文化源于城市文化，但是又超越了城市文化；大学文化面向城市文化，但是又以独特个性和广泛的社会影响力来引领城市文化。

大学具有甄别、净化城市文化的使命和义务。现实中的城市文化是多元的，既有优秀的传统文化、先进的社会文化以及优秀的外来文化，又一些庸俗的世俗文化、现代盛行的拜金文化等。大学作为高端文化生产者和引领者，有责任也有能力引导高尚纯洁的城市文化养成。大学一直是区分这些城市文化的重要坐标，因为"大学的本质就在于不断创造新知，不断追求更高层次的理性精神，不断创造更优秀的文明成果，并按照一定的价值目标，对社会现实文化进行分析，做出肯定或否定的评价，引导社会文化向健康方向发展"②。社会转型阶段不同的文化交流与碰撞也日趋激烈，既有传统文化与现代文化之间的交锋、外来文化与本土文化的竞争，又有先进文化与落后文化间的斗争

---

① [美]亚伯拉罕·弗莱克斯纳. 现代大学论——英美德大学研究[M]. 徐辉，陈晓菲，译. 杭州：浙江教育出版社，2001：10.

② 陈斌，张维维，郑剑.大学服务城市文化功能探究[J]. 中国高教研究，2012（03）：64-67.

和冲击。城市发展给人们带来丰富多彩的物质生活的同时，人们的精神世界也面临着各种挑战，各种功利主义倾向不断地在城市文化中蔓延，城市文化在发展的过程中需要不断克服世俗文化所带来的庸俗、感性、即时的倾向。大学作为城市精英文化的集散地，肩负着净化城市文化的使命和义务，而大学文化内涵的理性品格具有克服各种世俗文化的超越性和引导性，推动城市文化建设健康、有序地发展。

大学在城市文化建设中处于规范导向的地位。例如，始于北京大学的五四新文化运动就是以大学为开端向社会进行辐射，开民主、科学风气之先，对近代中国的文化转型和思想解放产生了先锋作用，同时也促进了大学所在城市的城市文化向先进的、民族的、大众的方向发展。现有的文化与新文化尤其是对立文化相互碰撞时会产生一个文化湍流区，会引发人们对新文化的探索，对原有文化产生怀疑。大学引领城市文化的职能离不开具有批判精神、创新精神的大学主体，就像埃德加·莫兰（Edgar Moran）所说："自由的思想家、悲剧性的思想家、革命性的思想家，固然只可能在一定的社会历史文化条件下发展自己的思想，但不论怎样，他们都不是这些社会历史文化条件的'产物'。他们不遵循文化规定性，而是从文化规定性打开的缺口中或由他们打开的缺口中涌现出来。"[①]大学通过教育教学活动传承、创新文化的同时能够批判性地选择、吸收城市文化，推翻和抵制城市中腐朽、落后的文化，成为城市文化建设和发展道路上的指明灯，引领城市文化不断地走向可持续发展。

大学通过人才聚合力丰富城市文化。在城市文化系统中，大学文化的高深性、高层次性决定了其在城市文化中的特殊地位与作用。大学师生致力于对前沿知识的传承、整理、创新，从而形成了与城市文化样态既相联系又相区别的文化生态。大学以探究高深学问为己任，聚集了具有高深学问的精英，他们往往是一个国家或城市中最卓越的学术人，不仅有高深的科学知识，而且经过大学文化的长期浸润而养成严谨的科学精神与高雅的人文精神。大学师生的教育教学活动、科学研究，会提升城市精神与人文文化。大学师生所进行的社会活动就是通过自身的言传与身教，把大学的科学精神、人文精神、科学理论知识

---

① [法]埃德加·莫兰.方法：思想观念[M].秦海鹰，译.北京：北京大学出版社，2002：49.

等渗透到城市社会中，使之在城市社会中得到弘扬，融合为城市精神与城市品格，成为城市文化的源泉。[①]

2. 大学辐射城市文化

大学从城市文化中汲取所需要的营养，同时又能够向所在城市释放出具有前瞻性和先进性的文化理念，以其特有的方式向其所在的城市进行传播和渗透。"文化的最大特质，就是具有极强的渗透性、持久性，像空气一样无时不在，无处不在，能够以无形的意识、无形的观念，深刻影响着有形的存在、有形的现实。"[②]原浙江大学校长竺可桢曾说"大学是社会之光"，光源的辐射恰如大学对城市文化的影响。大学之于城市文化具有辐射性和渗透性，无论是在教书育人、科学研究方面，还是社会教化方面，都对城市文化起到提升作用。大学在与城市文化互动交流的过程中，因其"文化主体的创造性、文化指向的超前性、文化成果（科学论著、艺术作品等）的社会性、文化'产品'（即学生）的回归性、能动性"[③]等特质，对城市文化具有辐射、规范和提高的作用。

大学通过人才培养辐射城市文化。大学是一个城市吸纳、储备、培养和输出人才的大型人才库，一所规模化的大学，从专业设置、教师配备、学科建设，到学生培养和输出，大学的性质决定了它在人才集聚上的吸引力是任何一个企事业单位所无法比拟的。甚至完全可以说，大学是一个城市的人才储备库，是汇聚文化精英和高科技人才的大本营，是构建城市人才高地的基础。[④]大学的根本任务是培养人才，大学不断为城市输送经济社会发展所需要的各级各类人才，学生在大学接受的教育、形成的思想、具备的能力，渗透、影响甚至改变所在城市的文化生态。另外，大学生本身就是大学文化的使者，他们身上具有大学文化的特质，在参与城市社会交往活动中，会无形中将大学先进的理念、精神展示给城市市民，并且会在潜移默化中影响城市市民的价值观。

大学通过其强大的辐射力提升城市的人文精神。大学文化具有超强的辐射

① 李华玲，李峻.论大学对城市文化的引领功能及其实现[J].国家教育行政学院学报，2012(10)：7-71.

② 韩喜平，王为全.中国大学的文化责任[J].大学教育科学，2012（04）：16-21.

③ 邵保章.论高校校园文化建设与社区文化的辩证关系[J].江汉石油学院学报（社会科学版），2000，2（3）：69-71.

④ 孙天胜，戚洪.大学在城市文化中的意义和作用[J].自然辩证法研究，2006（02）：84-87+99.

力，很多大学都有自己的学术期刊、广播、电台、出版社等。如今，在一个物质丰富而人的精神却相对贫瘠的消费者时代，"公民往往并不知道如何坚守真正的价值，在很大程度上，时尚的价值往往更能左右生命的价值。公民并不是按照严格的理性原则面对生活，而是适宜地通过情感与自然本能生活。"①此时，大学就可以借助自身有利条件将大学的精神、成果、思想观点等及时向社会传播，使之产生社会价值和社会意义，这不仅使城市文化及时得到新鲜的养分，还丰富和充实了城市文化。同时，大学还会经常举办一些文艺活动、文化传播活动等，这些活动常常能够以它形式上的清新活泼、内容上的健康丰富引起社会各界的关注和喜欢，这种有形的文化传播方式会在某种程度上将大学精神文化渗透到城市生活中的各个方面。

大学通过学术活动为城市文化提供新鲜养料。大学教师在教育教学、科学研究中将新思想、新技术传授给学生，同时有些教师将自身的研究成果以论著、讲座论坛以及各种网络平台的方式向城市乃至整个社会输出，将其先进文化理念输送给城市。例如，上海交通大学每年都举办300多场院士讲座、名师论坛、文化论坛等各类重要学术讲座和报告，还筹办"交大与上海世博"相关的系列学术报告和"文治讲坛"，以多种形式扩大大学对市民的开放力度。②大学生在与城市社会进行交往时势必会将大学文化的内涵和特质带到城市之中。例如具有百年历史的山东大学也通过举办各种形式的论坛讲座，使学生的触角由校内延伸至校外，由书本扩展到社会。③大学师生作为大学文化的传播使者，其行为方式、学术活动以及社会活动会有意识或无意识将大学先进的思想和理念传递给城市，为城市文化更新提供新鲜的养料。

大学依托物质载体辐射城市文化。大学中的物质既是大学文化的承载体，也是大学辐射城市文化的主要传播媒介。大学物质文化作为大学文化的空间物态形式，不仅记载着一所大学的历史，更重要的是蕴含着浓重的文化气息，尤其是那些富有历史文化底蕴的名校，校园内的物质文化环境所蕴含的大学精神

---

① 李咏吟. 公民教育、文学艺术与公民心灵的自由信念[J]. 吉首大学学报（社会科学版），2010，31（04）：10-15.

② 王宗光. 发挥大学文化对城市文化的助推作用[J]. 上海党史与党建，2003（07）：1-3.

③ 刘文俭，高晓洁. 高校文化与城市文化关系探析[J]. 青岛行政学院学报，2006（02）：11-14.

能够穿透围墙、辐射城市文化，因为这些大学的物质文化大多具有较高的历史价值和人文价值。例如，北京大学的未名湖畔、蔡元培铜像、李大钊像、三一八烈士纪念碑，上海交通大学的"五卅纪念柱"、史穆烈士墓以及董浩云航运博物馆，复旦大学的曦园一角，清华大学的荷塘月色、自清亭等都向人们昭示着其独有的文化底蕴，城市市民徜徉其中必然会受到这种文化所带来的心灵熏陶。

3. 大学创新城市文化

作为科技第一生产力、人才第一资源和创新第一动力的重要结合点，大学，尤其是一流大学，自然而然成为中心城市的发展重点和依赖对象。知识创新、技术创新、产业创新、制度创新和文化创新等相互支撑，共同构成中心城市发展的驱动要素。从国际上看，对上海交通大学发布的《2016年世界大学学术排名百强》和全球化和世界级城市研究小组发布的《2016年GaWC世界级城市排名》进行统计，结果显示：71%的一流大学坐落于世界级城市，其中两所特级城市（伦敦和纽约）拥有6%的一流大学；此外，22%的一流大学位于一级城市，27%的一流大学位于二级城市，7%的一流大学位于三级城市，还有9%的一流大学位于自治城市。从国内来看，九大国家中心城市也聚集了全国大多数的高水平大学，大多具有超强或较强的高等教育实力。其中，"985"大学、"211"大学、"双一流"建设高校、一流建设学科数量最多的前十名城市中，国家中心城市就有7座。而大学作为一个文化机构，承担着文化传承与创新的功能，在城市文化创新方面发挥着重要作用。正如阎光才教授所言："作为一种人文生态景观，高等教育机构与城市间互动最为突出的方面是它的文化学意义。"①大学应该充分利用自身在知识创新、技术创新、文化创新等方面的优势，推动城市文化的创新与发展。

大学通过培养高端创新人才推动城市文化创新。城市之间的竞争，本质上来说是人才的竞争，尤其是高端人才的竞争，在某种程度上可以说，高端人才是决定一个城市未来发展的重要因素。大学汇集了优秀的人才、先进的成果与技术、领先的文化，是城市宝贵的智力资源，并且源源不断地吸附和聚集着优秀人才与先进技术。大学作为人才培养的基地和人才集聚的平台，在提升所在

---

① 一流大学与中心城市的互动发展[N]. 河南日报，2020-10-19（007）.

城市的综合实力方面发挥着重要作用。大学作为高深知识创新的源头,通过人才培养的知识溢出效应,可以为城市创新发展提供不竭动力。大学作为智力高地和高端人才的摇篮,大学师生既是文化的创造物,又是文化的创造者,他们作为城市文化的创新主体,通过他们的创造性劳动生产新理论、新思想、新技术等,这些新理论、新思想、新技术等正是大学文化创新力的具体表现,而这些文化创新会在不自觉中对城市文化的创新产生影响和作用。这不仅可以使城市文化不断地更新新鲜血液,还可以保证城市文化始终处于一种新旧交替的动态循环中。

大学通过知识创新提升城市文化活力。人是文化创造的主体,没有文化的创新就不会有文化的生命力和活力,而大学具有相对完善的知识创新机制以及人才培养机制,这恰恰成为大学文化创新的源泉。大学的人才竞争机制使大学形成绵绵不断的高层次、高素质的学者流和学生流,这正是大学文化创新的生力军。他们带着从学校获得的新思想、新知识、新技术服务城市社会,在无形之中为城市文化的传承与创新贡献了巨大能量,更使城市文化处于一个新旧更替的良性动态循环之中,这既秉承了城市的历史文脉,又以现货鲜活的文化创新力更新着城市文化。我国的发展经验也表明,大学的创新性使城市文化始终处于社会文化的前沿,彰显时代的特征,新的科技成果与发明创造会大幅度提升城市的文化品位。譬如,江苏无锡曾多次在城市综合实力评选中的名次与其经济地位相去甚远,原因在于城市文化创新不够,后来无锡市引进北京邮电大学、南京邮电大学、电子科技大学等多所创新能力较强的大学在无锡设立研究院,如今最先进的物联网技术已经成为无锡的文化特征。[①]

大学通过学术研究创新城市文化。大学不仅是传播高深知识的场所,更是传承与创新先进文化的基地。大学作为科研的重要基地,是城市构建技术创新体系的重要支撑者,大学通过科学研究成为城市创新体系的基础力量,为城市的创新提供理论支撑和技术动力,形成各种资源储备,推动城市文明的进程。[②]大学之所以在城市文化建设中扮演着重要角色,很大程度上就在于大

① 李华玲,李峻.论大学对城市文化的引领功能及其实现[J].国家教育行政学院学报,2012(10):67-71.
② 郝利.高等学校与文化城市互动发展问题研究[D].桂林:广西师范大学,2008.

学在文化方面的创新性。大学作为一个追求知识创新和进行科学研究的组织机构，学术性某种程度上可以说是大学文化的本质所在。"学术性决定了大学文化崇尚独立与自由，追求卓越与批判，使大学以深邃的思想洞察社会，并不断创造新思想、新知识和新文化。"①大学作为城市文化建设的重要力量，应该整合自身的文化资源优势，主动融入城市文化体系，推动大学文化与城市文化的有机融合。大学在激活城市文化的同时，它也创新城市文化，在这个过程中提升了城市市民的人文素养，推动打造更高层次的城市文化生态。

---

① 孔晓虹，韩波.大学文化对城市文化的影响分析[J].国家教育行政学院学报，2016（03）：31-34.

第四章

共同体视域下大学与城市文化互动存在的突出问题

尽管大学与城市文化互动取得了一些令人瞩目的成绩，但与此同时，两者在互动中也存在着诸多问题和不足。总体来看，大学与城市文化互动所涌现的突出问题主要表现在以下几个方面：

一、大学与城市文化互动存在多层次的冲突

在社会文化系统中，不同的文化要素代表着不同群体的利益，它们之间存在着诸多相互冲突的文化要素。"在大学层面，文化被定义为以教师、学生、行政人员、委员会成员和支持者等为主体的大学利益相关者基于传统和日常交流的价值观和信仰。"[①]其中，学术文化是其主流，学术自由、大学自治是其核心，独立与求真是其主要特点。对于城市而言，其利益主体是根据社会和经济地位及受教育状况而构成的市民阶层，大众化的市民文化是其主流，[②]政治活动、经济活动是城市社会的核心，表现为功利性、世俗性、商业性等特点。两种文化的主体在价值信仰、思维方式、职业以及生活方式等存在着诸多的差异，从而导致两者之间存在着多层次的冲突。

（一）大学文化与城市市场文化的冲突

大学虽是探究高深学问、进行科学研究的机构，但服务社会也是大学的基本功能之一。然而，在市场经济的驱动下，市场文化可谓是无孔不入，大学文化也未能幸免。市场文化已经延伸到大学的各个领域，"市场经济体系国家中

① 郑晓芹. 大学与城市文化互动关系探究[J]. 现代教育科学，2015（07）：17-21.
② 郄海霞. 美国研究型大学与城市互动机制研究[M]. 北京：中国社会科学出版社，2009：245.

的大学虽非具有完全市场功能的经济组织，但其作为特殊商品（高级劳动力和科技知识产品）生产者的性质却不同程度地存在着"①。伴随着商品化、工具化的冲击，大学不可能置身于市场文化的"洪流"之外，大学的文化精神正在被以效率、效益、实用为主旨的市场文化所消解。

在市场文化的影响下，大学的一些学者不再甘于坐冷板凳专心搞学术，而是选择直接参与各种商业活动，急于将学术成果转化为实用价值。一些大学在培养学生时，也选择紧随市场逻辑而非学生的发展逻辑。在学生的培养方式、学科与专业设置、课程开设等方面，大学以社会为本位的价值导向为指导，以城市社会中市场需求为导向，按照市场需求培养学生。有人担忧"当代大学正面临着都市化、市场化、功利化、教育大众化等多重压力，大学文化正在接受严峻的考验"②，所以，大学里出现不被就业市场看好的学科与专业备受冷落的现象也就不足为奇了。

（二）大学校园文化与城市市民文化的冲突

大学校园文化是大学文化的重要组成部分，包括校园物质文化、精神文化以及制度文化等基本形态。大学校园文化表现为校园环境、文化设施以及师生的道德行为规范、价值观、道德观、审美观、人生观等。大学的校园文化是大学人的智慧与创造，具有学术性、理想性、世界性等特征；而城市市民文化是伴随着城市及手工业、商业发展而产生的为平民大众所喜闻乐见的文化，它是普通市民的日常生活和价值追求的大众化的文化，具有世俗性、平民性、实用性、地域性等特点。大学校园文化与城市市民文化两者代表着不同的文化群体，两类文化主体的社会身份、价值追求、理想信念等诸多方面都存在着差异，所以会出现各种冲突。主要表现在：

一方面表现为思想观念和认识上的隔阂。在一些市民眼中，大学相对封闭，大学校园内的师生清冷孤傲、特立独行，尽管他们有对高雅文化、高深知识的诉求，但是也会嘲笑大学师生流露出来的"傻气"。而在一些大学人眼中，城市是喧闹繁杂的，城市里面有一些市民是愚昧无知、庸俗、目光短浅的。大

---

① 刘亚敏.大学精神探论[M].青岛：中国海洋大学出版社，2006：168.
② 柴葳.我们需要什么样的大学文化[N].中国教育报，2005-10-20.

学人虽然有时候会羡慕城市市民丰富多彩的生活，但是对城市市民表现出来的粗俗、势利眼充满了鄙夷和不屑。

另一方面表现为高雅的校园文化与低俗的城市文化之间的冲突。根据价值判断，文化有积极、消极之分，高雅与低俗之分。当前社区文化存在的庸俗化、功利化、金钱至上等不良思潮，正悄无声息地侵蚀着大学校园文化。在大学周围的沿边街道成为"闹市"，学校周围有无数的网吧、游戏厅、棋牌室、休闲中心等，一些禁不住诱惑的大学生常常光顾这些场所，成为常客后变得意志消沉、虚度光阴，荒废学业，甚至有一些学生为了进入这些场所去借贷、诈骗、盗窃等。曾经流行于市井的低俗文化、享乐文化，如今逐渐侵蚀着高雅、纯净的大学校园，不断考验着广大学子的抵御诱惑能力、辨别是非能力，同时也给大学的教育工作带来了挑战。

二、大学与城市的文化资源未得到充分共享

开放性是大学与城市的共性特点。大学与城市都拥有丰富的文化资源，但是由于各种因素的限制，导致大学与城市文化资源未得到充分的共享。具体表现为：

（一）大学与城市的空间隔离形成文化融合壁垒

大学文化与城市文化同为社会文化系统，但是城市文化在渗透大学文化的同时，大学却有意无意地从空间上远离城市，在精致的"象牙塔"内攻读"圣贤书"。大学与城市的空间隔离主要表现为以下两个方面：

一方面，表现为大学与城市的心理空间隔离。大学理念与社区文化相脱节，在大学场域中，大学更加强调其知识传授、科学研究的职能，而在某种程度上忽视大学的社会服务职能和文化引领职能，这会破坏大学职能的完整性，从而与城市社区划上了难以跨越的心理鸿沟。在大学围墙之内进行文化传播、科学研究无异于"闭门造车"，只有打破大学校园与城市之间的人为隔阂，深化大学与周边社区的交流，使大学参与并服务城市建设，才能为大学文化创新提供更多的文化发展要素。

另一方面，表现为大学与城市的物理空间隔离。国外的大学大多数都不会刻意地去修建围墙，其开放性、包容性更强，而中国几乎每所大学都设有围墙。

中国的大学校园不仅外设围墙，而且还内设门禁制度，在校门口还摆放着专门的指示牌明确表示"校外人员除非有特殊情况，否则一律不得进入校内"，这在客观上形成了巨大的物理空间隔离。这个问题不能简单地概括为传统，而是文化基因上的一种"自我封闭"。空间隔离使得大学与城市难以形成有效的文化互动。

（二）大学文化纳入城市文化发展建设顶层设计尚有欠缺

城市文化是与城市社会中政治、经济领域并列的范畴，是城市在思想观念、价值取向、行为规范等方面财富的总和。城市文化作为一个城市的综合展现，需要进行长期的、统一的、持续的积淀和建设。[①]大学文化作为城市文化的重要组成部分，要想充分发挥大学文化对城市文化的传承、引领、辐射以及创新等功能，就应该在顶层设计中将大学文化纳入城市文化建设体系当中，使大学文化与城市文化协同发展。但是，从百色市大学与城市文化互动的实际情况来看，大学文化在城市文化发展建设顶层设计中尚未得到充分的重视。

《百色市2021年政府工作报告》有42处提到"文化"，包括：提升居民的科学文化素质；保护发展历史文化名镇名村和少数民族特色村寨；高标准高水平编制和实施文化旅游发展规划；深入实施文化强市战略，充分发挥百色文化资源优势，传承弘扬红色文化、民族文化、历史文化，全面提升公民文明素养，深入挖掘传承红色文化，持续打造民族文化品牌；深化公共服务场所免费开放等。报告中只有2处提到了"大学"，分别为：支持右江民族医学院、百色学院升格为大学；加快推进职业教育园区、百色教育学院、生命健康城、市民中心、右江民族医学院新校区等重大项目建设，打造产城融合新城。[②]《百色市2022年政府工作报告》有10处提到"文化"，包括：加快发展文化体育事业；完善公共文化服务体系，实施文化惠民提升工程，建设提升县级公共图书馆、文化馆、工人文化宫、乡镇综合文化站等基层公共文化设施；加强文化遗产保护，做好红七军军部、红七军政治部、右江工农民主政府等红色革命旧址保护利用。加强百色壮族文化生态保护区建设，实施非遗保护示范项目。报

① 孙雷，姜玉原，姜宇飞. 大学文化和城市文化互动发展的现状及对策研究——以沈阳市为例[J]. 文化学刊，2019，（11）：134-140.

② 百色市人民政府办公室政府工作报告——2021年10月17日在百色市第五届人民代表大会第一次会议上[EB/OL]. http://www.baise.gov.cn/zwgk/jcxxgk/wjzl/gzbg/t11304499.shtml，2021-11-03.

告中只有1处提到了"大学"，即协助做好右江民族医学院、百色学院升格为大学工作。[①]从以上两个报告可以看出，当前百色市对城市文化中的红色文化、民族文化、历史文化、生态文化等重视程度较高；大学与城市文化之间的互动主要聚焦于大学对打造产城融合新城的作用，尚未将大学文化作为百色城市文化的一部分统筹规划、系统部署。

（三）大学文化与城市文化的开放性不够

开放性是大学文化与城市文化有效互动的重要条件。然而，事实上，在百色学院的大学文化与社区互动合作的过程中，资源的整合度有限，资源开放的广度和深度不够，影响了学校与社区互动的效果。

一方面，大学文化的开放性不够。百色学院的大学文化的开放程度并不理想，主要表现在：第一，百色学院的文化载体对外开放程度不够。百色学院在向社区开放的内容方面，主要以硬件资源为主，文化类的软资源的开放虽然受到重视，但是实施力度有限。总体来看，百色学院附近的市民很少能共享百色学院的文化设施，譬如，图书馆、阅览室、博物馆、展览馆等文化设施的对外开放程度极其有限。第二，大学文化的开放时间有限。在开放时间上，百色学院对于城市社区的开放只是局限于某些特定的时间，开放时间非常有限。第三，大学文化主体的开放意识不够。例如，百色学院举办的各种节庆活动、晚会等能够吸引周围市民前来观看，但是仅仅是观看而已，市民并不能参与其中。

另一方面，城市文化开放的程度和范围也是不够的。城市社区中的市民在举办各种文化活动时，并不会主动邀请学校参加，而且由于宣传力度、宣传范围等原因，百色学院的师生甚至连参观的机会都没有，更不用说参与城市市民活动。可以说，百色学院与城市市区市民基本上是两个相互独立的群体，除了生活方面的交集之外，鲜有文化方面的交往和互动。

三、大学与城市文化互动缺乏良性互动机制

社会互动理论强调，互动应当在一定的情境、制度下进行，互动情境与互

[①] 百色市人民政府办公室政府工作报告——2022年1月12日在百色市第五届人民代表大会第二次会议上[EB/OL]. http://www.baise.gov.cn/zwgk/jcxxgk/wjzl/gzbg/t11304498.shtml，2022-02-19.

动制度是保障良性互动不可或缺的条件。[①]然而，就目前而言，百色的大学与城市文化互动并未建立起良性互动的机制。

（一）缺乏大学与城市文化互动的情境

在地理位置上，虽然百色学院处于百色市的城区中心，具有接触城市文化的情境条件和环境，然而，实际上百色学院与城市文化主体之间并未有效利用大学与城市文化之间的便利环境，反而百色学院在对外开放程度的相对封闭性、有限对外开放，使大学在与城市文化互动的过程中不能充分实现各种资源和文化设施的共享。目前百色学院对城市开放的仅仅是局限于一些物质方面的资源，例如体育场所对市民开放等，而在信息知识方面对城市社区的开放程度很低，像百色学院的图书馆并不是对市民开放的，其教研资源的对外开放也具有特定的时间限制性。百色学院有限的开放程度不仅会造成各种资源的闲置和浪费，而且还限制了大学与城市文化主体间的交流与互动。

（二）缺乏大学与城市文化互动的制度

目前大学实行党委领导下的校长负责制，大学在很多决策上都要受到政府的控制和干预，大学与城市文化在交流与互动的过程中并没有相应的机制和制度对其进行约束。百色学院对百色城市文化的传播和建设的把握也是更多地依赖城市当局的引导以及自身对百色城市文化的感性认识，目前有关大学与城市文化良性互动的有效机制和制度尚未得到建立和制定。大学与城市文化之间的良性互动不是自发产生的，而是通过一定的媒介来推动两者之间的交流与融合。良好的互动平台和有效的互动机制是两者进行互动的重要保障，没有平台和机制作为媒介的互动容易使两者之间的互动和交流走向形式化，并且也会缺少稳定性和有效性。实践中，百色学院并没有成立专门负责和推动大学与城市文化互动的组织机构，城市当局也没有制定相应的制度来推动和监督两者之间的文化互动，致使在互动中所安排和策划的各种实践活动带有一定的随意性和临时性。

---

① 赵雨婷. 社会互动视野下对我国大学文化与城市文化互动的反思[J]. 吉林省教育学院学报，2015（01）：89-91.

第五章

共同体视域下大学与城市文化
互动的优化路径

一、大学与城市文化互动的三维思考

（一）大学层面：坚持"引进来"与"走出去"同时并举

开放性和包容性是一所大学保持魅力和活力的重要保障，大学通过"引进来"与"走出去"同时并举的策略主动融入城市社会之中，不仅是传承与发扬城市文化的现实需要，还是推动大学与城市进行文化互动的应有之义。大学通过"引进"城市社区中的市民，并且与市民分享大学所富有的各种文化资源，号召和鼓励市民积极参加大学的文化建设活动。同时，大学在坚持"引进来"的同时也要实行"走出去"战略，能够积极主动地参与和服务到城市文化建设的各种实践中去，不仅可以增强大学对所在城市的归属感，还能缓解两者由于文化落差而导致的"文化孤岛"效应，从而使大学的文化建设富有地域特色。

百色学院作为百色市重要的文化机构，在与城市进行文化互动的过程中，要根据自身的实际情况扩大对外开放的程度，充分利用大学的各种文化资源，将其自身所拥有的各种文化资源与市民进行分享，增进与市民之间的文化交流与互动。同时，百色学院也要坚持实行"走出去"的战略，走出大学的围墙，走进城市社会。例如，百色学院在举办各种晚会、节庆活动时可以将场地搭建在市中心人流量大的地方，而不是仅仅局限在学校范围内，这样不仅可以扩大城市文化的传播范围，还能加快其传播速度。百色学院所培养的人才终将是要走出校门、走向城市社会的，毕业生是否愿意留在百色在很大程度上取决于百色的城市文化是否具有吸引力，而这种吸引力并不是凭空产生的，而是在与城市文化互动的过程中获得的。所以，要想使百色市大学与城市文化互动取得良好的效果，大学不仅要扩大对外开放，实行"走出去"的战略，还要同时兼顾"引进来"，在"进"与"出"的过程中传承和发展百色城市文化。

（二）城市层面：创建文化互动的平台和保障机制

大学与城市之间的文化互动不是自然发生的，而是在一定的平台和机制的助推下而产生的社会交往。目前对于大学与城市文化互动的系统、规范性的法规、法律等还不完善，可以说还处于"空白"状态，所以对于互动中的大学与城市主体各项权利、义务、职责、合作机制以及监督机制等都没有明确的规定，更没有相关的平台和组织机制来保障两者之间的文化互动。有效的交流平台不仅是大学与城市文化互动的环境保障，而且还是两者之间有效进行物质、能量、信息交流与更新的重要渠道。

百色市的大学与城市文化互动不仅缺乏互动的平台，还缺少有效的互动机制，所以要想提高百色市大学与城市文化互动的有效性和稳定性，就必须建立大学与城市文化互动的平台和保障机制。城市当局作为百色城市文化建设的主导者、规划者和推进者，可以说是百色市进行文化建设的"上层领导者"，其各项决策和政策对两者间的互动起着重要作用。城市当局可以将目前为止经过时间考验、实践证明、富有成效的政策条款、组织章程、暂行条例等规章制度、规范进行修改和完善，将其上升到法律层面，并且在实践中不断进行修改和完善，从而形成相对完善的规章制度体系。这不仅能够使大学与城市文化互动具有法律约束和保障，而且还可以明确两者在互动中各自的职责和义务，从而更好地推进大学与城市文化互动的良性发展。

（三）市民层面：强化大学与城市市民间的文化互动

从发生学的视角来看，大学文化与社区文化经历了相互独立、相互了解，再到相互融合的过程，这既是大学与社区的理性选择，也是文化发展的必然趋势。现代意义上的大学起源于欧洲中世纪的博洛尼亚大学，大学成立之初被称为学者行会或法人团体。此时大学与社区之间的关系，不仅是共生关系，还因为争夺城市资源而出现持续的紧张甚至冲突状态。早期的大学功能较为单一，教学是基本的功能，大学活动范围主要是在学者行会内部，与外界城市社会系统基本无关，大学是真正意义上的"象牙塔"。一直到19世纪初，德国的柏林大学首开科学研究的先河，将科研作为大学的主要任务，而教学则退居其次。[①]这个转变极大地推动了德国工业发展和社会经济的繁荣。后来，由于民主、多元的文化观念和教育哲学的影响，美国大学开始出现功能分化，不仅关注学生个体发展，还关注社会发展需要。美国学者提出"威斯康星思想"标志着社会服务城市大学的第三功能。大学也从社会的边缘走向社会中心，成为社会活动中不可获取的存在，并且催生了诸多新兴的职业。历史表明，大学与社区之间的互动形式有冲突、合作、引领、补充等。

大学与城市市民之间并不是没有交集的两条平行线，而是具有交集的两个文化圈。大学与城市市民的文化既有共性，又有各自的独特性。大学与城市社区中的市民是城市文化建设过程中的重要主体，两大主体所构成的文化圈之间的交集主要是指它们共同依附的城市文化，共性文化也是两者进行文化互动的基础。大学与城市市民之间的文化互动应该是一种深层次的双向互动，事实上，百色市大学与城市市民之间的文化互动不仅是停留在"认识层面"，而且主要聚焦在大学向城市的单方向互动。要想改变这种状况，一方面，推动百色学院与百色城市市民之间的文化互动由"认识层面"走向实践层面。百色学院和城市市民在举办各种节庆活动、晚会等，要加大宣传力度，使大学与市民之间先形成认识方面的文化"焦点"，然后再通过各种激励措施由认识方面的认同走向行动，使文化主体真正地参与到彼此的文化实践活动中去。另一方面，市民要充分利用百色学院开放的文化资源设施和载体，通过大学的各种资源为媒介深入地了解百色城市文化的内涵，同时积极主动地参加大学的校园文化建设，将城市文化建设中的各种经验传递给大学。大学与城市彼此之间相互学习、相互借鉴、优势互补，从而推动大学与城市文化互动发展走向深度融合。

二、大学与城市文化互动的三条路径

大学与城市文化之间的互动虽然带有明显的地域特色，但是两者在进行文化互动中也存在着一定的共性，这种文化共性是由文化的本质所决定的。文化

---

① [德]弗·鲍尔生.德国教育史[M].滕大春，滕大生，译.北京：人民教育出版社，1986：125.

的本质属性决定了大学与城市之间文化互动的路径也具有一定的共性，大学与城市之间的文化共性决定了两者之间的文化互动的路径具有一定的普适性。以下主要从思想基础、机制以及系统的建构三个方面对大学与城市文化互动的路径提供一些参考性建议。

（一）重塑大学与城市文化互动的思想基础

思想意识是行动的先导。大学与城市文化互动中涌现出来的互动程度低、互动效果不佳、互动内容不均衡等方面的问题，根源在于互动主体对于大学与城市文化互动认识的滞后性，所以要加强大学与城市文化互动的思想建设。

第一，大学师生要改变对"知识"的理解。课堂中，教师传授以及从书本上所获取的知识是"显性"知识；大学主体走出学校、走向城市社会，在与城市文化互动中所获得的知识大多是一种"隐性"知识。城市文化方面的知识相对于那些封闭的大学而言，可以说是一种"隐性"知识，这种知识常常被所谓的专业知识、通识课程所掩盖，所以经常被大学主体所忽略。教师虽然是学生获取知识的重要来源，但城市市民也是大学主体获取知识的重要渠道，可以说，城市社会也是大学的"第二课堂"，城市市民在某种程度上可以成为大学主体的老师。大学主体完整的知识体系不仅包括大学内所获得的知识，还不能忽视从校外"第二课堂"所获得的知识，大学与城市主体之间的文化互动也是扩展大学主体知识体系的重要渠道和路径。

第二，培育城市社区居民的文化意识，正确把握城市文化的发展方向。一座城市独特的文化气质和精神气质主要是通过人来体现和建构的，城市市民作为城市社会中重要主体，市民的文化水平和文化意识是一座城市进行文化建设的根本保障，而要想提高一座城市的文化水平就必须把城市市民文化素质的提高放在首要位置。城市当局可以通过开展社会教育实践活动的方式加强对市民的思想教育，引导市民树立正确的思想意识，同时教育和引导城市市民不断地克服和抵制落后的、错误的思想文化意识，积极发扬城市特色文化，传播优秀的民族文化，使城市文化建设获得可持续发展。

第三，大学与城市要互相包容彼此的文化。在大学与城市文化互动过程中，大学与城市要在思想上注重开放性、包容性，提升大学与城市文化互动与融合的主动性。一方面，大学要包容城市文化。尽管在大学文化与城市文化互动的过程中会受到城市文化中不良文化的渗透和影响，譬如，城市中急功近利、好逸恶劳、消费主义等对大学文化的影响，在互动过程中大学难免会有排斥城市不良文化影响的意识，但是大学文化更应该包容城市文化。大学不应该仰仗自身的文化优势而鄙视、排斥城市文化，而是应该用"存在就有其合理性"的思想来包容、接纳城市文化。与此同时，大学也要从文化发展的契合点出发，积极学习和借鉴城市文化中的各种要素，使大学文化主动融入城市文化发展的进程中。另一方面，城市也要包容大学文化。城市文化要立足于大学建设的实际，给予大学在思想和学术、资源等方面更多的自由、空间和支持，以此来提升文化互动的主动性，促进大学文化在实践中形成自己的文化特色。

（二）建立大学与城市文化互动的有效机制

如今大学不再是处于社会边缘的"象牙塔"，而是走向社会中心的"城镇"，"城镇"要想发展就必须接纳和包容各种城市社会中的各种元素。大学作为城市社会中的有机体也是如此，要想获得可持续发展，就必须与城市进行物质、信息、能量的交换。同理，大学文化也需要在与城市文化主体之间交流中建立起互动关系，发挥其文化引领、辐射和创新功能。高效、有序、稳定地进行大学与城市文化互动，需要建立一个开放、有效的互动机制。机制"泛指一个工作系统的组织或部分之间相互作用的过程和方式"[1]；此"工作系统"，既可以指社会大系统，又可以指大系统下的小系统。大学与城市共同体系统是社会大系统中的子系统之一，其互动机制是指在大学与城市共同体中，各部分子系统相互作用、互动的工作运行方式。

1. 构建大学与城市文化互动的文化融合机制

冲突论认为，一个社会存在着许多相互冲突的文化要素，不同的文化要素代表着不同利益群体或社会阶级的利益。[2]大学与城市在文化上的差异和冲突是客观存在的现实，但是"这种冲突并不是一种反常现象，而恰恰表明大学的文化特质不同于社区和城市文化；冲突并不意味着两者间的完全对立，而是于

---

① 中国社会科学院语言研究所词典编辑室.现代汉语词典[M].北京：商务印书馆，2016：600.

② [美]戴维·波普诺.社会学[M].李强，译.北京：中国人民大学出版社，1999：74.

冲突中有可能实现一种利益上的整合。而唯其存在文化冲突，才有可能为各自赢得最大的利益"①。因此，大学与城市在文化方面的冲突并非不可调和，在正视大学与城市各自文化特质的前提下求同存异，就有可能让大学与城市赢得最大利益，实现文化上的融合。大学与城市文化互动的文化融合机制是指大学与城市通过文化的交流与碰撞，相互作用、相互影响，调和大学与城市的文化冲突，增强大学与城市之间的文化认同、文化互信，并且共创大学与城市文化共同体，实现大学与城市共赢发展。通过该机制，不仅能构建稳定、宽容、自由的社会氛围和学术环境，营造和谐、圆融、互信的人文生态和学术生态，还能减少、缓解城市中的大学师生与市民之间的文化冲突，达到相互信任、认同的文化融合状态。

大学与城市的文化融合要寻求彼此之间的文化认同。大学与城市之间的文化认同是双方缓解矛盾，增进交流、合作、互信的关键。文化认同的实现程度，决定了大学与城市共存共生方式、共同利益的实现方式。要想实现大学与城市之间的文化认同，就要承认彼此之间在文化方面的差异性、多元性、互补性，相互吸收、共生发展，这是形成大学与城市文化共同体的基础。大学与城市的文化融合，并不是要无视两者之间存在的矛盾，将两种文化强行糅合在一起；相反，两种文化都要坚守自身的独立性，同时尊重对方的文化个性，认识并理解文化的差异性、多样性，两者才能实现共生互融，从而达到良性的互动效果。②加强理解并接受差异对于大学师生和市民来说是最基本的，只有做到这一点，双方在处理一些问题时才能够相互理解和信任。

大学与城市的文化融合要增进彼此之间的文化互信。大学与城市之间的文化冲突很大程度上是双方缺少文化信任导致的，建立互信机制，能够从心理上消减互动双方的戒备，建立友好关系，为化解矛盾冲突推动两者之间的合作夯实基础。要想增强大学与城市之间的文化互信，可以通过强化大学与城市在多领域开展文化交流与合作的方式。譬如，地方大学要主动承担城市委托的科技与文化项目和课题，建立旨在解决城市委托的"智库"，为城市发展献计献策；

---

① 阎光才.大学与城市、社区间关系的历史与现实[J].比较教育研究，2006，27（6）：24-28.
② 郑晓芹.大学与城市文化互动关系探究[J].现代教育科学，2015（07）：17-21.

大学可以主动邀请城市市民参与大学发展规划制订及合作开展项目与课题研究，实现地方大学学术研究的"顶天立地"；地方政府要主动邀请地方大学参与城市规划、社会发展战略的制订，聘请地方大学的教授、学者担任政府决策顾问、青少年科技与文化活动指导专家、青少年心理健康咨询师，合作建设大学"智库"，地方大学与城市的文化融合要推动文化共创。①

2. 构建大学与城市文化互动的开放交流机制

开放性与包容性是大学的本质特征之一。大学本身需要与外界进行物质、能量、信息的交换才能使自己具有可持续发展的能力，大学文化也需要在对外交流与互动中与城市社会中的各部门、机构、市民等建立起互利共生的关系，发挥其文化传承、引领、辐射和创新的功能。同样地，城市也是一种开放、包容的存在，其生长与发展需要有传承载体，需要吸纳新鲜血液，而大学作为文化传承、创新的载体，在城市文化传承、创新中发挥着不可替代的作用。因此，要构建大学与城市文化互动的开放交流机制，这不仅是大学与城市进行文化互动的情境保障，还为大学与城市进行文化互动提供了方向。

加强大学与城市在精神层面的开放与交流。要想实现大学与城市在精神层面的开放与交流，尤其是发挥大学的专家与学者在城市文化建设中的作用。城市文化是一座城市的个性，现代"城市经营"的理念已经成为一种共识，而城市文化与城市精神的设计是"城市经营"的首要环节。城市应该充分利用大学的专家和学者的专业能力，通过采取一些激励性的措施吸引大学教师参与到城市规划、城市文化建设等领域的研究，对城市的文化资源开发进行充分的研究与规划，并且及时为城市相关部门提供政策咨询与帮助。大学可以通过各种专家讲座、名人讲坛等方式，将城市的文化理念进行广泛传播，传递给城市市民；大学还可以多种方式参与到城市文化活动，比如大学与社区合作举办各类文化活动、文化展览活动、知识竞赛活动等，实现大学与城市之间的精神交流，让大学真正地融入城市之中。

加强大学与城市在空间层面的开放与交流。要想实现大学与城市在空间层面的开放与交流，可以从以下几个方面着手：第一，大学要向城市市民开放各

---

① 杨志卿. 地方大学与城市的文化互动机制研究[J]. 当代教育科学, 2019 (07): 82-86, 96.

种文化窗口。大学拥有最为先进的或独特的文化资源，包括图书馆、校史馆、科技馆、博物馆、文化展览馆等，将这些文化场所最大限度地向市民开放，使之成为城市市民文化休闲与科普教育活动的重要场所，让市民在大学的文化氛围中感受各种文化的魅力，在潜移默化中提升自身的文化素养。大学文化与城市文化的交融相合在国外高校中深受重视。以美国为例，大多数美国大学都没有围墙。比如斯坦福大学、哈佛大学、麻省理工学院等高校，都较为看重自身大学文化和社会文化、城市文化的互融互通。除了外在形式方面的表现，国外高校也非常重视服务和回馈社会。[①]而中国的大学要想加强与城市文化之间互动，就要从空间和心理上拆除大学的"围墙"，在保障校园安全的情况下，将大学校园里面的各种文化设施向城市开放，实现文化资源共享。第二，大学要成为城市市民进行终身学习的场所。"学校不应是游离于社区的文化孤岛，它应主动与社区架设各种桥梁，致力于解决社区问题。"[②]要想使大学成为服务于城市市民进行终身学习的场所，大学可以通过函授、网络以及多种网络课程培训班等方式，成为学习型社会建设中市民接受"终身教育"或"终身学习"的中心，宣传城市先进的文化、先进的知识以及先进的理念，提升城市市民的文化素养。

3. 构建大学与城市文化互动的互利共生机制

大学与城市是互利共生的共同体，要提高大学与城市文化互动的有效性，就必须构建大学与城市文化互动的互利共生机制，驱动大学与城市文化的良性互动。

第一，以大学、政府、社区为主体，构建"大学—政府—社区"协同互动机制。大学是知识创新、文化创新的源头，大学要充分利用自身在知识创新、文化创新等方面的优势，为城市文化创新提供根本动力。政府可以充分发挥自身的协调统筹的功能，为大学与城市文化互动提供经济支撑、政策支持。社区作为城市具体的公共空间，不仅是大学与城市文化互动发展的保障主体，还

① 孙雷，饶锦波.中外大学文化与城市文化互动的比较及借鉴[J].东北大学学报（社会科学版），2019，21（01）：89-95.
② 顾霁昀.从"文化孤岛"走向"文化共同体"——学校与社区"教育一体化"的校本探索[J].上海教育科研，2018（04）：53-58.

是大学与城市文化成果的受益者。社区要为大学与城市文化互动提供和谐的环境。

第二，以大学科技园为互动发展的平台，加快大学与城市互动发展的成果转化。大学科技园是大学与城市文化互动共生机制的主体部分，是贯通文化研究、成果转化的关键环节。大学尤其是一流大学要发挥主导作用，建设高水平的大学科技园，将其作为提升大学创新能力，服务区域和城市建设的重要抓手。

第三，依据城市社会发展实际，选择大学与城市文化互动的模式。每座城市都有自身的区位差异、战略定位和资源优势，每所大学也拥有自身的发展优势和办学特色。探索大学与城市文化之间互利合作，应该在学习借鉴先进经验的基础上，立足于本地区现有的资源要素，选择符合实际的互动发展模式和运行机制。

（三）构建大学与城市文化互动的共生系统

大学的职能不仅有人才培养、科学研究、社会服务，大学的文化资源优势决定了它还肩负着文化引领的社会使命和职责。大学不仅是城市社会系统的重要组成部分，还是城市文化系统的重要"单元"，大学与城市文化间相互影响、相互制约，日益形成一种不可分割的共生关系。共生关系反映了大学与城市这两个共生单元之间物质、能量、信息的交换与配置关系。根据袁纯清先生所言："共生是指在一定的共生环境中共生单元之间，按某种共生模式形成的关系，任何共生关系都是共生单元、共生模式和共生环境相互作用的结果，单元、模式和环境构成共生的三要素。"[①] "在共生关系的这些要素中，共生单元是基础，共生模式是关键，共生环境是重要外部条件。"[②] 这三个要素的综合作用决定着大学与城市文化互动的本质特征以及发展趋势。因此，要想构建大学与城市文化互动的共生系统，就要促进不同"共生单元"之间实现文化互动与交流，创造一个和谐、开放、包容的共生环境，推动大学与城市文化互动发展中形成共生模式，促进大学与城市文化共生系统的可持续发展。

---

① 袁纯清. 和谐与共生[M]. 北京：社会科学文献出版社，2008：8.
② 袁纯清. 共生理论——兼论小型经济[M]. 北京：经济科学出版社，1989：9.

1. 促进大学、城市、政府、市民等"共生单元"之间相互交流与互动

"共生是由成对单元或多个单元共生，相互发生资源交换的个体被定义为'共生单元'"[①]。共生单元是构成共生关系的基本组成单位，提供了共生关系运行所需要的基本能量和物质，是共生关系中沟通、交换等活动的主体。在大学与城市这个共生体中，大学与城市文化之间是由多样性、多层性的共生单元构成的共生系统，大学、城市政府、文化部门、城市市民、研究机构等都是这个共生系统中的"共生单元"。而要想实现大学与城市文化之间的良性互动，就要充分挖掘各个"共生单元"的潜能，促进不同"共生单元"之间实现文化互动与交流。

促进大学与城市政府的和谐互动。政府掌握着城市发展中的各种资源，在城市发展中起着协调作用。政府要充分认识到大学在提升城市文化软实力方面的价值，同时更要利用好自身拥有的优势，建立高校的大学文化贡献机制，使大学与政府之间的资源和谐互补。一方面，城市政府要合理规划大学的布局，在地理空间上打造大学城，将城区、社区、校区、工业园区等建设结合起来；另一方面，城市政府要建立合理的机制，提升大学对城市的教育输出水平，尤其是要加强政府、企业人员进入大学接受职后教育和培训的制度供给，通过校企深度合作，将大学置于科研与服务社会之中，实现大学与企业协同创新。

推动大学与社区进行文化交流与互动。当代的大学已经不是传统的关起校门来传授知识、与社区完全隔离的"象牙塔"，而是与社区水乳交融的共同体。通过两者之间的交流与互动，可以实现资源共享、互利共赢。大学可以通过举办艺术展览进社区等活动，加强大学与社区之间的联系。大学优秀作品进社区展览打破了教育与社会的高墙，学生们走出象牙塔，走进社区、开始联系民众；与此同时，社区民众开始了解高校人才培养的高度和水平，为社区民众了解高雅艺术和文创设计打开了一扇窗，实现了高雅与通俗的链接，为阳春白雪与民俗大众提供了一次跨越对话。[②]

推动城市优秀的传统文化厚植到大学文化中。盘活城市传统文化资源，将

① 束霞平. 大学与文化创意产业互动发展的共生模式[J]. 民族艺术研究，2012（06）：123-129.
② 区校融合高校学生文创设计作品进社区[EB/OL]. https://sghexport.shobserver.com/html/baijiahao/2023/08/31/1111888.html，2023-08-31.

优秀传统文化厚植到校园文化中。通过城市传统文化进校园、非遗研习班、非遗展示月等活动，增强城市文化的感召力。譬如，为了充分发挥好百色起义纪念园红色资源在学生思政教育与文化遗产传承中的作用，增进师生对百色红色文化的认同感，百色起义纪念园"红色课堂"进校园活动走进百色学院。通过红色故事宣讲、诵读革命箴言、快板互动教学，多角度、多形式、全方位进行红色文化展示，既让师生们深刻感受到非物质文化遗产的独特魅力和文化涵养，又唤起同学们的文化自信和奋斗豪情，让红色文化在大家心中扎根，让红色基因代代相传。①

2. 构建大学与城市文化互动发展的"三融三互"共生模式

共生模式是指"共生单元相互作用的方式和相互结合的形式，它既反映了共生单元之间的作用方式，也反映了这种强度，同时也反映共生单元之间的利益和信息关系"②。当前，在大学与城市文化互动方面形成了多种互动发展模式。以国别来划分，大学与城市文化互动的模式有美国的硅谷模式、英国的剑桥模式、中国的中关村模式，等等；以合作主体来划分，大学与城市文化互动的模式有以政府为主导的合作模式、以企业为主导的合作模式、以大学为主导的合作模式以及大学校区、科技园区与公共社区三区联动发展模式等。无论是哪一种模式，推动大学与城市文化互动发展的关键在于构建共生关系，实现大学与城市文化融合发展。每一所大学都有其鲜明的大学文化，都是一个强大的"能量场"，针对当前大学与城市文化互动发展中存在的不足，要加快构建"文教融合、文旅融合、文创融合，机制互动、资源互动、品牌互动"的大学文化和城市文化"三融三互"发展的共生模式。

推动文教融合、文旅融合、文创融合。要想实现"三融"，就要将城市文化与大学教育教学相融合、大学文化与城市旅游文化相融合、传统文化与创意产业相融合，推动大学与城市相互赋能，深度融合，共同发展。譬如，广西城

---

① 百色起义纪念园管理中心. 让文化遗产"活"起来——百色起义纪念园红色文化走进大学思政课堂[EB/OL]. https://mp.weixin.qq.com/s?__biz=MjM5MzU3NTMyOQ==&mid=2651929614&idx=2&sn=91b8ed3522727cb4cf25f90f4d23ba1c&chksm=bd7164c08a06edd6c3f7d523c8b543f5e5a4bc0504c704b6cb2a017f9f035e8f11cf1758bc39&scene=27, 2022-06-12.

② 袁纯清. 和谐与共生[M]. 北京：社会科学文献出版社，2008：10.

市职业技术大学积极发挥学校人才资源、校企合作资源、产业资源等优势，联合15家由大学生创业团队和校企合作联盟单位组成的公司，在太平古城的核心地段全新打造一个以文创产业为品牌发展背景的文化消费场景。太平古城沉淀着厚重的历史，也承载着壮族文化的血脉，融合了左江水文化、壮族骆越文化、糖业文化和明代文化等四大文化，展现了广西民居的特征。文创街同时融入高校专业学科资源、区域产业发展优势，通过多重立体情景，打造区域活力样本，营造学院式开放空间体验。大学文创街以"产、学、研、购、娱"五维生态概念打造文化旅游生活共同体，集成科技馆、民族文化展馆、餐饮、潮玩、艺术众创、美学生活等诸多业态于一体，融合多元空间，呈现跨界沉浸式体验，让你身临一个从现实走向虚拟、从过去走向未来的奇境。①

建构大学与城市文化良性互动模式。大学与城市文化的互动未来应进一步渗透到广大民众基层，其模式如我国著名教育家梅贻琦所言："学府之机构，自身亦正复有其新民之功用。就其在地言之，大学俨然为一方教化之重镇。"②又如美国学者德里克·博克所言："无论在城市还是乡镇，大学的文化、反世俗陈规的生活方式和朝气蓬勃的精神面貌，常常成为刺激周边社区的载体，同时也是它们赖以骄傲的源泉。"③大学与城市之间形成一种潜移默化的文化互动与交流，城市源源不断地为大学提供必备的物质与智力资源，大学又将自身的文化正能量逐渐辐射到周边的城市社区，起到教化一方民众的功效，这是良性的、健康的互动模式。

3. 营造大学与城市文化互动的共生环境

共生环境即共生单元以外所有因素的总和。环境与共生体之间的作用是通过相互的物质、信息和能量交流来实现的。大学与城市要想实现良好的文化互动，就要创造开放的共生环境，使大学与城市在相互联系、相互作用中实现物质、能量、信息、文化等方面的交换，为大学与城市之间的良性互动创造外在

---

① 广西城市职业大学文创街[EB/OL]. https://baijiahao.baidu.com/s?id=1753238187150892267&wfr=spider&for=pc, 2022-12-26.

② 梅贻琦. 大学一解[A]. 杨东平. 大学精神[C]. 沈阳：辽海出版社，2000：77.

③ [美]德里克·博克. 走出象牙塔——现代大学的社会责任[M]. 徐小洲，陈军，译. 杭州：浙江教育出版社，2001：7-8.

的环境条件。

（1）完善大学与城市文化互动的政策和制度

第一，创造大学与城市文化互动的政策环境。大学与城市的文化互动与交流，不仅需要组织统一的思想基础、共同的文化群体的保证，还需要相关部门制定相关的政策法规保障体系。城市政策应该在教育法规的健全方面发挥其应有的作用，城市政府应当通过统一的法律规定来明确大学的社会职能，将其从理论认识层面上升到法律层面，为大学与城市的文化互动提供方向和指南，同时也为大学与城市的文化互动提供法律保障。大学与城市文化互动如果没有政策法规等相关保障，两者的互动就会流于形式。

第二，完善大学与城市文化互动的管理制度。在大学与城市互动中，地方大学的最终目标是形成与地域社会互动发展的自适应体系。目前，大学与城市互动的制度建设层面还不够完善，要想实现大学与城市的良性互动，提高大学与城市互动的有效性，就要为大学与城市文化互动提供坚实的制度保障。在制度建设方面，大学应该不断健全文化组织的领导制度、经费分配制度以及从事文化研究人员的人事组织制度等，通过正常价值观念的引导形成有利于大学文化创新发展的良好舆论环境。

（2）创造大学与城市文化的开放环境

一是校园建设与城市的开放。开放的空间环境是大学与城市互动的重要前提和基础。在一些发达国家，开放性是促成大学与城市屹立于世界领先水平最为显著的特点之一。譬如，当你漫步于波士顿市区，你就会看到一辆辆公交车从哈佛大学、麻省理工学院的校园穿行而过，一幢幢古色古香的实验楼、教学楼、图书馆、学生宿舍等建筑坐落在城市特别是社区的"大街小巷"，几乎与城市居民的吃、住、行完全融为一体，形成了校在城中、城在校中"同呼吸共命运"的现代都市格局，并通过社会赋予的期望和责任服务于社区的公共事务、技术咨询、人才培养和文化传播、文明辐射。[①]那么，对于中国的大学与城市而言，要想两者在互动中获得良好效果，大学与城市就要在空间上实现开

---

① 黄莺. 浅谈国外大学文化与城市文化融合发展的五个特性[J]. 华北理工大学学报（社会科学版），2017，17（03）：10-14.

放，打破空间上的壁垒，形成校城一体的命运共同体，促进文化传承与创新。

　　二是资源的开放。开放性是大学与城市重要的生命源泉，资源开放是大学与城市保持良好互动的基础。一方面，城市和大学包括实验室、博物馆、文化馆、图书资料及其设备设施和人力、信息等所有资源应该全部向社会开放和共享，在开放中加强大学与城市之间合作，通过合作建立研究中心、教育中心，对社会相关领域开展教育培训、咨询服务、技术开发、协作研究等，实现大学与城市协同发展。另一方面，大学要将自己视为城市社区的一员，主动向社区开放，积极投身社区建设，传播科学技术、开展咨询服务和文化活动、履行公民义务，成为社区科教文化生活中心。[①]

---

① 黄莺. 浅谈国外大学文化与城市文化融合发展的五个特性[J]. 华北理工大学学报（社会科学版），2017，17（03）：10-14.

第六章
共同体视域下大学与城市文化
互动的个案研究

一、百色市大学与城市文化互动的现状概览

（一）百色学院的概况

1938年，百色学院的前身——广西省立田西师范学校在抗日的烽火中诞生。后来与其他学校进行合并，改名发展成为右江民族师范高等专科学校。2006年，经教育部批准，右江民族师范高等专科学校升格为百色学院，成为一个具有多学科性质的普通本科院校，同时也是革命老区——百色地区第一所综合性质的本科院校。从师范高等专科学校改建成为百色学院并不只是学校在名称方面的简单变化，而是在办学层次方面发生了质的飞跃，也表明了随着时间的变迁，百色地区经济社会和高等教育事业获得了新的发展，这也决定了百色学院在新的起点将面临新的使命和挑战。

诞生在百色地区的百色学院，其成长和发展不仅是其自身不断适应外界环境变化而进行动态调整的要求，还是百色城市文化孕育和滋养的结果。百色学院根据自身的实际情况和资源优势将办学定位植根于百色，立足百色老区独有的"革命性、民族性、边疆性"优势资源，一直坚持在"老、少、边、山、穷、库"地区办学，以"百折不挠、奉献拼搏、团结务实、争先创新"的百色精神铸魂育人，坚守"团结合作、艰苦奋斗、克难攻坚、磨砺成才"的"石墨精神"，坚持以"弘扬传统、团结务实、奉献拼搏、争先创新"的百色精神办学育人，秉持"志远行敏、德高业精"的校训，为百色地区培养"下得去、留得住、用得上、干得好"的"四得"专门人才，推动百色学院向多学科协同发展的高水平应用型大学转型。百色学院构建了百色精神铸红魂"三全育人"体

系和"双元制＋双园制"应用型人才培养体系的"双系驱动"育人模式，形成了"红色铸魂、学以致用"的办学特色。

百色学院作为百色市唯一的一所综合性大学，其诞生、成长与百色城市文化的孕育与滋养息息相关。因此，本研究选择以百色学院为个案来研究百色市大学与城市文化互动，具有典型性、代表性和可行性。

（二）百色地区四大城市文化品牌

百色地区是以壮族为主体的多民族文化共生地，是骆越文化和云贵高原文化的结合部，是世界壮泰语系民族的文化轴心地带，也是中国的革命圣地之一，文化底蕴相当深厚。悠久的历史、灿烂的文化、秀美的山河、光荣的革命传统、多彩的民族风情、丰富的人文景观，使百色文化具有鲜明的特色。由于自然、地理、历史等因素的影响，百色地区形成了丰富多样的文化资源，其中历史文化、生态文化、红色文化和民族文化是百色市主要的文化资源。这些文化资源构成了百色城市文化的四大品牌，即历史牌、绿色牌、老区牌、民族牌。这四大品牌不仅是百色地区的精神支柱，而且还为百色地区的经济发展注入新的生机与活力。

1. 历史牌——悠久的历史文化

百色地区开发比较早，早在旧石器时代右江河谷地带就有桂西古人类活动的痕迹。迄今为止，在右江两岸挖掘出来并经专家认证的史前文化遗址就有100多处。20世纪70年代后，考古专家相继在百色地区发现众多旧石器时代和新石器时代的遗址，并挖掘出各种样式的石器遗物。例如，1979年考古学家在田东县定模洞发现出土的3枚人类牙齿化石和哺乳动物化石；2002年考古专家在百色市百色镇东笋村百林屯南发掘了革新桥新石器时代遗址，据统计出土的文物有3万余件，这里还出土了一具保存相对完好、被称之为"百色第一人"的古人类遗骸。那坡感驮岩遗址的考古发现为研究广西新石器时代文化和青铜文化的发展与演变提供了重要线索，也为研究华南及东南亚地区古代社会面貌及不同地区间文化的互动关系提供了极为珍贵的资料。百色市作为广西壮族自治区境内出土铜鼓最多的地区，该市的12县中每个县都有铜鼓发现，并且经过专家考证，这些县所出土的铜大都是战国时期和前汉时期的青铜。例如，1972年在西林县普合乡普陀村发现的西汉古墓，据考究是西汉早期句町国贵族的墓葬，出土了一个铜棺以及各种铜质的陪葬品。田东万家坝型铜鼓的出土，填补了广西铜鼓发展序列的空白。经久不衰的西林句町古乐，证明神秘的古句町国文化影响之深远。宋代南天国遗址、南宋横山寨古城遗址、茶马古道、土司遗址、明代壮族抗倭女英雄瓦氏夫人墓、清代一门三总督的西林岑氏故居等，见证了历代王朝的更替，承载着千古传颂的故事。

百色地区悠久的历史文化除了体现在历史遗址、遗迹方面，还表现在相关的历史名人、历史事件以及历史景观上。譬如，壮族首领侬智高抗击交趾反宋农民起事、瓦氏夫人抗倭斗争、刘永福率黑旗军援越抗法（靖西市至今还保存黑旗军营寨遗址）、震惊中外并成为第二次鸦片战争导火索的"西林教案"（现今"西林教案遗址"依旧保存完好）、游维翰反洋教的游勇起义等。这些历史性事件和历史景观，不仅记述了百色历史的踪迹，而且还为后人留下了进行爱国主义和革命传统教育的重要场所。

2. 绿色牌——独特的生态文化

百色地区南北高中间低、四面山峰环抱的山地地形以及典型的亚热带季风气候，使百色地区形成以自然景观、山水名胜、农业观光等为主要特色的生态文化。广西百色市是珠江流域重要的水源涵养区、生态功能区、水系源头区，是祖国西南边疆安全要塞和生态安全屏障。为筑牢生态防线，擦亮"山清水秀生态美"金字招牌，百色市坚定不移贯彻落实党和国家对广西"生态优势金不换"的重要指示精神，实施生态立市战略，大力发展生态农业、生态工业和生态服务业，全面推动绿色发展。

生态农业文化方面，气候优势使百色形成独具特色的农业资源和各种名优特产，如乐业县的野生刺梨，田阳县的圣女果、彩椒，田东县的芒果、香米，德保县的广西农业旅游示范点——曼贝小西湖景区，等等；生态旅游文化方面，独特的地形和气候条件使百色地区形成独特的自然景观和山水名胜，如乐业县的三穿洞、大石围、布柳河漂流、隆林县的冷水瀑布风景区、金山原始森林风景区，西林县的八行水源岩、周邦洞群，右江区的澄碧湖风景区，田阳县的百东河水库、那音水库、坡洪感云洞，靖西市的通灵大峡谷、古龙山峡谷、鹅泉、三叠岭瀑布等风景名胜，平果县的云深古洞、独秀荷芬、独石滩，等等。这些自然景观都是在百色独特的地形地质条件下产生的。百色市立足丰富的生态、文化资源，将生态文化旅游业作为绿色发展的主导产业来培育，推动全域旅游新发展。生态工业文化方面，为了更好实现绿色发展，广西百色市大力推进"铝二次创业"，推动传统产业转型升级，譬如广西百色平果市工业区一角；通过技术升级，持续淘汰落后低效产能，加快锰、铜、石化、糖、建材等传统产业转型；加快培育发展新材料、生物医药、节能环保等新产业；推进5G信息基础设施建设，加快铝、冶金、石化等传统产业和重点工业园区智能化生态化发展，推动传统产业高质量发展。

3. 老区牌——经典的红色文化

红色被看作是"中华人民共和国与生俱来的'胎记'"[①]，"是中华民族浴火重生、脱胎换骨的精神图腾"[②]。红色文化是指中国共产党人及人民群众在革命、建设和改革时期，共同创造的具有中国风格、中国气派、中国特色的先进文化，是马克思主义中国化的先进文化，是物质文化、制度文化以及精神文化三方面的统一体[③]。物质文化主要包括革命遗址、文物、博物院、纪念馆、展览馆、烈士陵园等有形的静态文化；制度文化主要包括革命、建设和改革时期所形成的革命理论、纲领、路线、方针、政策等文献；精神文化主要包括党在奋斗的历程中所积淀下来的精神财富，主要有革命、建设和改革时期所形成的革命精神、品格、道德传统等。

1926年8月，右江地区第一个共产党组织——中共恩（隆）奉（议）特别支部在恩隆县罗明山林场成立。之后，党组织又向东兰、凤山等县发展。在党组织的领导下，右江农民运动得到迅猛发展。1929年12月11日，邓小平、张云逸等老一辈无产阶级革命家在百色地区发动威震南疆的"百色起义"，创建了中国红军第七军和左右江革命根据地。在中国共产党领导下，红七军将士和左右江革命根据地人民为了中华民族的解放事业艰苦奋斗、不怕牺牲，用鲜血和生命铸就了不朽的百色起义精神。百色起义不仅推进了革命的进程，还给百

---

① 樊金荣.镌刻在心灵深处的红色[N].江西日报，2007-9-3.
② 杨勇.贵州省旅游业红色文化建设研究[D].保定：华北电力大学，2014.
③ 徐魁峰，韦顺国，阙贵频.传承红色基因 铸就百色红魂[M].桂林：广西师范大学出版社，2021：97.

色地区留下了影响后世的红色文化资源，如中国工农红军第七军军部旧址粤东会馆、右江苏维埃政府旧址经正书院、中国工农红军第七军政治部旧址清风楼、百色起义纪念馆、百色起义革命烈士纪念碑、革命烈士纪念碑，田东县的右江工农民主政府和右江总工会旧址、田阳黄恒栈洋楼、奉议县农讲所旧址、平果红军炮楼、乐业县红七军与红八军会师旧址等。这些都是百色起义给百色地区遗留下来的红色文化遗产，也为后代们接受红色文化的教育与洗礼提供了有形的文化资产和无形的精神食粮。百色起义作为中国历史和百色历史上的光辉一页，它所铸就的"坚持党的统一领导，坚持民主集中制，一切服从党的整体利益，实事求是、艰苦奋斗、廉洁奉公、无私奉献"的百色起义精神[①]，成为革命老区最大的政治优势和宝贵财富，指引着老区人民弘扬传统，团结务实，以崭新的面貌迎接新的挑战，同时也激励着莘莘学子不断开拓创新、探求真知。

4. 民族牌——丰富的民族文化

百色地区不仅是壮族文化的发祥地，还是一个具有7个民族聚居的少数民族地区。这种民族优势使百色地区民族文化丰富多样，既有各民族传统的节日节庆、民族风俗文化，还有别具特色的民族服饰文化。

在民族节日节庆方面，百色地区各个民族都有自己的传统节日。例如，壮族的三月三歌坡节、销正月，瑶族的盘王节，苗族的跳坡节，仡佬族的拜树节、吃新节，彝族的跳弓节、火把节等。在民族艺术方面，有壮族的绣球舞、捞虾舞、扁担舞，瑶族的盘王舞、铜鼓舞，苗族的芦笙舞，彝族的跳弓舞、打磨秋，凌云壮族的巫调音乐，田林的北路壮剧等。在民族节庆活动方面，有田阳县的狮子上刀山、抛绣球、抢花炮、斗牛等来纪念壮族祖先布洛陀，还有隆林县的爬坡杆、跳月亮，凌云县的赛歌、北路壮剧表演等。在民间工艺方面，有乐业的蔡伦古法造纸工艺遗存，乐业扎染和隆林苗锦竹制品声名远播。在民族服饰方面，壮族服饰尤其是那坡县的百色地区最具特色的民族服饰，主要以黑色为主要色调，黑色是该地穿着和族群的标记。那坡黑衣壮族是目前民族传统文化保存最为完好的支系，被称为壮族的"活化石"。

---

① 凌绍崇. 百色起义·红色记忆[M]. 南宁：广西人民出版社，2009：418.

（三）百色学院与百色城市文化互动的实践

1. 历史文化的互动

所谓历史文化的互动，是指百色学院与百色地区在历史文化的传承、保护和研究中所进行的各方面互动。百色学院与百色地区在历史文化方面的互动主要表现在以下几个方面：

第一，通过参与编纂与百色历史相关的著作，保护与传承历史文化。譬如,《百色历史通稿》是由百色学院校友黄桂宁、中共百色市委员会、百色市人民政府联合编纂，共有11位执笔人，这些撰稿人中大部分是百色学院的教师或者校友。《百色历史通稿》翔实地记载了历朝历代百色人民爱国主义的历史事实，是百色精神家园中的一笔巨大精神财富和爱国主义教育的生动教材，是建设百色精神家园最有说服力的本土历史教材。①又如，百色市党史办公室、市志办公室、政协文史资料委员会等联合编纂的《百色市志》，其中，百色学院就承担着编纂任务。学校精心组织了一支高学历、高职称、写作功底强、研究经验丰富的编纂队伍，进行了多次讨论和研究，最终顺利完成《百色市志》的编纂工作。

第二，通过学术沙龙或者学术讲座，传承、研究百色的历史文化。为了推进百色历史文化研究，百色学院联合百色市博物馆举办了"百色历史文化研究学术沙龙活动"，博物馆、设计学院负责人和师生代表参加了活动。②学工处举办的"百色历史与文化漫谈"，邀请博物馆馆长凌春辉教授主讲，与预科教育学院师生共同探索传承优秀民族传统文化。凌教授介绍了百色学院对百色历史、民族文化的研究以及对非物质文化遗产的保护性开发，使大家从不同方面了解百色的历史发展、民族特色。③

---

① 李晓红.《百色历史通稿》是百色精神家园中的一笔宝贵财富[EB/OL]. http://www.gxbsrd.gov.cn/news_view.php?id=71324，2016-5-13.

② 杨敏. 博物馆与设计学院联合举办首期百色历史文化研究学术沙龙[EB/OL]. http://www.bsuc.cn/info/1246/44054.htm，2019-05-15.

③ 宁业斌，吴忠婷，莫超明. 百色历史与文化漫谈[EB/OL]. http://bwg.bsuc.edu.cn/info/1003/1091.htm，2017-04-13.

2. 生态文化的互动

所谓生态文化的互动，是指百色学院与百色地区在生态文化的保护、传承中所进行的各方面互动。百色学院与百色地区在生态文化方面的互动主要表现在以下几个方面：

第一，通过讲坛或者学术沙龙的形式保护、传承生态文化。例如，针对桂西北喀斯特石山区存在的石漠化问题，由广西社会科学界联合会主办、百色学院协办的广西社会科学大讲坛——"激活生态文化基因，建设幸福美丽广西"在百色学院举行，与会专家和学者对桂西各少数民族传统文化所蕴含的绿色理念进行了合理诠释，提出贯彻落实"协调、创新、绿色、开放、共享"的发展理念，弘扬生态文化基因，不断推出绿色文化产品，宣传和保护好桂西的生态文化资源。这不仅增强了师生的生态意识，还推动了百色和广西地区的科学发展，对建设美丽广西、美丽中国具有重要意义。又如，由广西文化和旅游研究基地主办、百色学院博物馆承办的2021年第二期学术沙龙在百色学院博物馆会议室举办，百色学院博物馆、人文学院、旅游学院以及右江民族博物馆、右江区文体旅游局等单位的专家学者参加此次学术沙龙活动。①

第二，通过社会活动传播、保护生态文化。百色市文化广电体育和旅游局、百色学院博物馆、右江区文化体育和旅游局主办，右江区文化馆、右江区文物管理所承办的2021年百色市文化和自然遗产日暨右江区文化遗产进高校活动在百色学院博物馆举行。此次活动目的不仅是做好文化和自然遗产日的宣传，更重要的是通过展示右江流域地区多姿多彩的文化和自然遗产，促进文化和自然遗产在高校产生更大的影响力，推动广大师生主动传承和保护各类文化和自然遗产。②为了营造"美丽百色"的良好氛围，由共青团百色市委、中国平安财险百色中心支公司主办，校团委承办的"美丽百色，平安绿添"植树活动在百色学院澄碧校区举行。百色市各二级学院青年志愿者、学生共同参与了此次植树活动。此次植树活动是对青年学生和社会公众的一次环保教育，增强了学生的

---

① 姚一苇. 广西文化和旅游研究基地举办2021年第二期学术沙龙[EB/OL]. http://www.bsuc.cn/info/1246/54775.htm，2021-11-05.

② 王志播. 百色市文化和自然遗产日暨右江区文化遗产进高校活动在我校博物馆举办[EB/OL]. http://www.bsuc.cn/info/1273/52834.htm，2021-06-13.

绿化、环保意识，也美化了校园环境，为百色学院建设绿色校园做出了贡献。①

第三，通过实践调研活动保护、传承生态文化。譬如，百色学院信息学院的师生们赴那坡县吞力屯开展生态振兴视域下广西黑衣壮干栏建筑的生态意蕴及当代价值的实践调研活动。②百色学院政管学院的学子在老师的带领下前往隆安金穗生态园进行实地调研活动，通过问卷和调查采访的形式，对生态园内的游客、工作人员等进行"金穗生态园成为全国一村一品示范村"建设情况深度调研。师生们实地考察了生态园的百果园、万亩香蕉林、火龙果基地、教育基地、民宿区的建设情况，与生态园负责人了解情况。③

3. 红色文化的互动

所谓红色文化的互动，是指百色学院与百色地区在红色文化的保护、传承中所进行的各方面互动。百色地区作为我国的革命老区之一，其地缘优势为百色地区的大学与城市进行红色文化互动奠定了基础。百色学院紧紧围绕着百色的"革命性"进行了一系列的文化建设，主要表现在以下几个方面：

（1）以红色科研为中介进行红色文化的宣传教育

搞好红色科研是进行红色文化宣传教育的前提和基础。百色学院通过一系列的红色科研活动进行红色文化的宣传教育。主要表现在以下几个方面：

第一，通过申报红色科研课题进行红色文化宣传教育。百色学院整合了相关的师资队伍并建设一支"红色文化"的研究团队，申报了一系列有关红色文化的研究课题。譬如，国家社科基金项目"红色记忆与巩固中国共产党执政基础研究"、广西教育科学"十一五"规划课题"依托红色文化资源优势，构建高校特色德育模式的研究——以百色为例"，等等。还有与党建密切结合在一起的研究课题，像"利用红色资源提高大学生党员党性教育实效的研究：以百色学院为例"等。近年来，百色学院加大课题申报力度，积极牵头主持或组织各级课题研究，鼓励全校师生积极申报与红色育人相关的课题，先后获得20

---

① 林玉慧，许丽梅，甘应景. 我校开展"保护母亲河行动·百色平安青年林"植树活动[EB/OL]. http://www.bsuc.cn/info/1273/38205.htm，2016-05-30.

② 蓝尹萍. 百院青年2020年暑期返乡实践行系列报道：走进黑衣壮干栏建筑，感受民族传统文化魅力[EB/OL]. http://www.bsuc.cn/info/1221/48604.htm，2020-08-20.

③ 政管学院. 2021年三下乡：政管学院学子深入金穗生态园，助力乡村振兴[EB/OL]. http://www.bsuc.cn/info/1221/53423.htm，2021-07-21.

项国家课题、20多项省部级社科项目和近100项地厅级项目。同时，百色学院还积极与百色市委市政府开展合作项目的横向课题研究，获得经费150万元，出版著作13部。①

第二，依托研究中心、研究基地进行红色文化宣传教育。百色学院依托自身的地缘优势和革命资源优势，整合校内外力量成立研究基地或研究中心进行红色文化研究和推广。百色学院专门成立邓小平早期思想研究中心、全国红色经典艺术教育示范基地、广西廉政思想研究基地——百色市邓小平早期思想研究会、广西高校人文社会科学重点研究基地——老区精神与老少边地区发展研究中心、中国共产党革命精神与文化资源研究中心、红色文化研究院等30多个红色文化研究平台，组织专家学者进行红色文化专题研讨阐释，推出一批高水平的理论研究成果，研究提炼百色红色精神内核，释放红色文化资源的"乘法效应"，加快推进研究性成果转化，提升百色红色资源优势转化成效，深化红色文化研究，努力打造红色文化的精神殿堂。

第三，通过开展红色文化育人成果编纂活动进行红色文化宣传教育。百色学院立足于革命老区实际，充分挖掘和利用百色地区丰富的红色文化资源优势，公开出版发表大量科研著作和论文。已经出版《百色起义与党建工作》《百色起义与民族工作》等40多部百色起义研究系列图书，即将出版右江红军村研究系列图书、百色学院澄碧文库系列图书等20多部，公开发表红色文化研究论文180多篇。②

第四，通过举办全国性学术交流活动进行红色文化宣传教育。为了扩大红色文化育人的影响力，树立红色文化育人品牌，百色学院每年都会举办革命老区高校红色文化教学与学术研讨会。譬如，2014年举办了第六届全国革命老区高校联席会，2016年举办了"老区精神与老少边地区振兴发展"学术研讨会，2018年7月举办了全国深度贫困地区高质量脱贫研讨会，2019年7月与牡丹江医学院联合举办了第14届全国马克思主义基本原理暨全国第37届马克思主义哲学教学与学术研讨会，2019年9月举办了全国第三届原苏区振兴发展高

① 徐魁峰，韦顺国，阙贵频. 传承红色基因 铸就百色红魂[M]. 桂林：广西师范大学出版社，2021：101.
② 徐魁峰，韦顺国，阙贵频. 传承红色基因 铸就百色红魂[M]. 桂林：广西师范大学出版社，2021：100-101.

峰论坛，2020年1月3至5日百色学院马克思主义学院与广西国际共运史学会共同举办了新中国70周年与中国特色社会主义学术研讨会、新时代思想政治理论课教学改革创新学术研讨会等各种会议。通过举办各级各类全国性、区域性学术会议，形成了许多红色科研成果。①

第五，通过红色科研成果转化活动进行红色文化宣传教育。将红色文化资源转化为思想政治教育资源或者教学资源，这个转化的过程既是理论过程，也是实践过程。马克思曾说过，"理论只要彻底就能说服人"或只要能说服人且被群众所掌握"就会变成强大的物质力量"。②百色学院以统筹用好百色红色资源为抓手，以打造精品课程、强化师资力量为重点，以马克思主义学院、红色文化培训学院为阵地，组建由思政课教师组成的红色课程开发团队，深入挖掘百色起义纪念馆、粤东会馆等革命旧址、革命纪念馆及其展品背后的红色故事及所呈现的历史价值、精神价值、时代价值，开发系列红色课程，让红色故事焕发时代光芒。出版《百色起义光照千秋》《红色基因·坛乐印记》《红色基因·山营印记》等红色校本教材及《百色起义与邓小平理论研究丛书》《传承红色基因 铸就百色红魂》《挖掘红色元素 实现课程育人》《管理育新人 服务铸红魂》《厚植红色基因 文化铸魂育人》等42部红色文化专著。当红色科研成果转化为教学育人资源，就会有效驱动立德树人这一根本任务的落实。例如，近年来百色学院大力推动红色科研成果转化为教学资源活动，到2023年开设了171门红微课程，包括课堂教学、课程视频、主题教学设计、红色经典课件素材、红色课程教学反思、课程练习测试、学生问卷调查及教师点评等资源，③形成了红色教育品牌，在全国产生了一定的影响力，并多次获得省部级教学成果奖。

（2）开展以红色文化为主题的社会实践教育活动

诞生在抗日烽火中的百色学院先天带有百色起义光荣的革命传统，而大学

---

① 徐魁峰，韦顺国，阙贵频.传承红色基因 铸就百色红魂[M].桂林：广西师范大学出版社，2021：101.
② [德]卡尔·马克思.黑格尔法哲学批判[M].中共中央马克思恩格斯列宁斯大林著作编译局，译.北京：人民出版社，1963：9.
③ 陈瑞，黄兴忠.百色学院：红色文化赋能思政育人[EB/OL].http://www.dangjian.com/shouye/zhuanti/zhuantiku/wodesizhengke/jingyanzuofa/202304/t20230404_6584852.shtml，2023-04-04.

作为传承、创新文化的主要阵地，自然要引导和教育学生传承和发扬百色起义的革命传统和革命精神。百色学院在办学的过程中也非常重视对学生开展革命传统教育和爱国主义教育，在一些重要的节日会组织师生参与相关的教育活动。例如，清明节时，百色学院开展了"缅怀革命先烈，传承红色文化，践行社会主义核心价值观"的祭奠英烈主题教育活动；学校学工部、团委等相关部门组织师生前往百色起义纪念碑，通过向革命先烈敬献花圈、重温入党誓词等形式来追思和缅怀革命先烈，传承和发扬百色起义精神；把"三严三实"教育与红色教育相结合，开展庆祝建党94周年系列活动，各基层党组织领导干部带队，组织学生党员通过组织座谈、重温入党誓词，赴田阳、那坡、靖西等红色革命基地调研，走访参观企业等社会实践形式开展"三严三实"专题教育实践纪念活动，不仅升华了党员对党的认识，还坚定了中国共产党领导中国特色社会主义事业的信心；组建"三下乡"社会实践团队，充分发挥百色地区的红色资源优势，积极申报自治区级的社会实践活动项目，其中"沿着邓小平足迹"经评审已经获得立项，由校团委领导带队，组织学生党员干部沿着邓小平当年战斗的足迹开展红色社会实践和理论政策的宣讲活动。

（3）以校园文化建设的形式传承和发扬百色的红色文化

目前，百色学院已经形成了以红色为底色的校园文化，每年都开展唱一首红歌、讲一个红色故事、舞一个红色舞蹈、走一段红军路、演一个红色小品的经典主题文艺演出或活动，展现革命先烈的革命精神，传承爱国爱党情怀。百色学院利用百色起义红色资源，开展"纪念红五月"红歌传唱、"唱红歌校歌"新生合唱比赛、庆七一"颂歌献给党"、红色短剧等系列红色经典艺术演出，每年度的学校科技文化艺术节中开设红歌、红剧、红舞比赛项目。百色学院还举办以传承红色文化为主题的周末文艺广场演出，使"红色"艺术演出成为群众性的校园文化活动。2013年5月，百色学院作为广西唯一受邀的高校参加"五月的鲜花·我们的中国梦"全国大学生校园文艺会演，选送的舞蹈节目是"铜鼓响来绣球飞"，这是百色学院"全国红色经典艺术教育示范基地"开展红色文化传承的成果之一。①

---

① 党委宣传部. 第七届全国高校校园文化建设优秀成果二等奖：用红色资源构筑"文化育人"精神高地[EB/OL]. http://www.bsuc.cn/info/1221/16066.htm，2017-01-08.

（4）依托网络平台开展红色文化的传播与育人活动

面对网络时代、信息化时代和大数据时代的迅速发展，我们的思政教育也必须加快发展的脚步。"互联网＋"思政教育，要求我们一定要做到线上线下相统一。做好红色网络铸红魂，就是以红色文化为内容，以铸红魂为主线，以网络技术、新媒体技术为手段和途径，以坚定共产主义理想信念为目标。一是积极开展红色网络铸红魂活动，把红色文化资源融入学校各网络或融媒体，如学校官网和微信公众号、微博、QQ群、红岸网、校报、学报、广播站、院刊、各二级学院公众号和学生社团公众号；二是加强红色网络育人功能，尤其是加强学校网络思想政治工作中心（易班中心）建设，不断推出更新、更美、更好、更贴近实际的"红色品牌"，让铸红魂始终贯穿于真、小、微、深、细、实等方面的育人环节，不断提高"三全育人"的针对性和实效性。

4. 民族文化的互动

所谓民族文化的互动，是指百色学院与百色地区在民族文化的保护、传承中所进行的各方面互动。百色地区作为一个多民族的聚居地和壮族始祖布罗陀文化的发祥地，丰富多彩的民族文化为百色学院与百色地区的文化互动提供了资源优势。百色学院与百色地区在民族文化的互动主要体现在以下几个方面：

第一，通过科学研究的形式传承和发扬百色地区的民族文化。一方面，百色学院的教师根据地区的民族资源优势，成功申报了一系列与民族有关的科研课题项目。例如，国家社科基金项目"桂西南语言接触研究""壮族伦理研究""民歌产业化研究""滇黔桂交界地区民族结构变迁与民族关系和谐研究""壮族典籍英译研究——以布罗陀史诗为例"等，教育部人文社科项目"多语环境下的桂西'高山汉话'研究"等。另一方面，专门成立民族文化研究中心来研究百色的民族文化。例如，百色学院基于自身独特的区域优势成立了民族文化翻译研究中心，百色学院以壮大学科群为核心，积极整合校内外的各种研究力量，主动搭建科研互动平台，对壮族的文字、历史、社会风俗、伦理道德等进行全方位的探究，在壮汉英语言与文化对比研究中取得了一定的研究成果，在《布罗陀》《壮族嘹歌》等民族典籍翻译研究中取得了一系列科研成果。

第二，积极参与百色地区与民族文化相关的学术交流活动。百色学院积极参加的活动有句町文化研讨会、壮族嘹歌英译学术研讨会、布罗陀文化学术研讨会、百越古道文化论坛、百色壮民族非物质文化遗产保护传承与开发研讨会、壮学与布洛陀文化论坛、"桂学与老区文化进校园"的桂学讲坛等。百色学院通过参与各种民族文化交流会来拓宽自身的研究视野，同时也能够在交流的过程中彼此之间优势互补，共同推进民族文化研究。

第三，通过校园文化建设的方式来传承和发扬百色的民族文化。为了推动当代大学生了解和传承优秀的民族传统文化，丰富学生在校园内的民族文化生活，促进不同民族间民族团结和校园环境的和谐稳定，百色学院学工处举办了"壮族三月三"民族文化知识讲座、"壮族三月三"民族传统体育竞赛，不仅使学生对百色的民族节日和民族传统有了深刻的了解，也使学生们承担起传承和发扬百色民族文化的历史使命；为了使更多的学生了解民族文化知识，保护和开发百色地区的民俗资源，百色学院成立民俗文化研究协会，通过编辑和出版民俗书刊、举办民俗知识讲座、举办培训班和实地调查、举办民俗展览、学术讨论等形式培养民俗学人才、传播民俗文化知识，开始逐步构建具有中国特色的民俗学体系；为了增强民族团结意识，百色学院联合百色市民委举办民族团结专题文艺晚会。

第四，通过社会实践活动保护与传承百色的民族文化。为了保护与传承百色的民族文化，百色学院组织各种社会实践活动去探寻和传播民族文化。譬如，百色学院组织学生暑假"三下乡"走进德保感受壮族马骨胡文化，开展广西壮族非物质文化遗产马骨胡文化保护与传承研究活动。[①] 又如，百色学院组织新闻专业学生赴田阳开展"探寻壮族精神图腾，传播优秀民俗文化"主题采风实践活动，采风活动以田阳布洛陀艺术文化节活动中的祭祀大典为重点，激发学生在新闻素材采集实践中既提升专业技能，又能在新闻传播过程中发掘民族文化精髓、弘扬中华传统文化，讲好中国故事、百色故事、百院故事。[②]

① 唐浩东，罗晓丽. 百色学院学子暑期"三下乡"走进德保感受壮族马骨胡文化[EB/OL]. http://gx.people.com.cn/n2/2022/0725/c390645-40052564.html，2022-07-25.

② 邝昆翔，吴淑林. 探寻壮族精神图腾传播优秀民俗文化[EB/OL]. http://dwxcb.bsuc.edu.cn/info/1093/18931.htm，2023-05-18.

（四）百色学院与百色城市文化互动的成效

基于百色城市文化的资源概况，可知百色城市文化资源十分丰富。在实践中，百色学院与百色城市文化也进行了互动。百色学院与百色市作为关系共同体、文化共同体、利益共同体和命运共同体，两者是相互关联、互利共生的关系。那么，两者互动的具体成效怎么样呢？

大学生不仅是大学最重要的主体，同时也是城市社会的重要主体之一。大学生对于百色城市文化的认识程度，在某种程度上也说明了百色地区大学与城市文化互动的成效。本研究以百色学院的大学生为调查对象，采取随机发放的方式，进行了"关于大学生对于百色城市文化认识程度"的问卷调查，共发放问卷500份，回收486份，回收率为97.2%。所有的被调查者中，其中属于百色的学生共50人，所占的比例为总人数10.3%，非百色的学生所占的比例高达89.7%。本问卷的选项基本上是多项选择题，根据研究样本所选择的选项数量来判定样本对于百色城市文化的了解程度，将学生每题所选择的正确答案数规定为不同的等级，所选择的正确答案数量越多、等级越高，也就说明学生对于百色城市文化的认识程度越高。以下是学生对于百色城市文化的认识程度的具体情况。

1. 对红色文化的认识程度

为了较为客观、清晰地了解学生对于百色红色文化的认识程度，本研究设置以下5个问题进行问卷调查，主要有：大学生对于百色的红色文化资源、百色武装起义的领导人、百色起义纪念馆展厅、百色起义纪念碑的题名以及百色起义纪念碑的相关情况的认识程度。可以说，大学生对于这些问题的回答情况，在某种程度上代表了他们对于百色红色文化的认识程度。具体情况详见表7至表11，具体选项见附录1。

表7 关于百色的红色文化资源的认识情况

问　题	以下哪些属于百色的红色文化资源				
百色人	等级	1	2	3	4	5
	比例	0	0	12%	38%	50%
非百色人	等级	1	2	3	4	5
	比例	4%	18.5%	47%	20.5%	10%

表8　关于百色起义的领导人的认识情况

问　题	以下哪些属于百色起义的领导人				
百色人	等级	1	2	3	4
	比例	17%	18%	40%	25%
非百色人	等级	1	2	3	4
	比例	27.5%	53.5%	16%	4%

表9　关于百色起义纪念馆的认识情况

问　题	以下哪些属于百色起义纪念馆中的展厅			
百色人	等级	1	2	3
	比例	23%	57%	20%
非百色人	等级	1	2	3
	比例	46%	38%	16%

表10　关于百色起义纪念碑正面题名的认识情况

问　题	百色起义纪念碑正面镌刻的字是谁题写的	
正确率	百色人	非百色人
	74%	32%

表11　关于百色起义纪念碑的认识情况

问　题	下面关于百色起义纪念碑的介绍中，你认为哪些是正确的			
百色人	等级	1	2	3
	比例	23%	57%	20%
非百色人	等级	1	2	3
	比例	46%	38%	16%

131

上述表格反映了生源地是否为百色的大学生对于百色红色文化在认知程度上存在着一定的差异。由表7可以看出，对于红色文化资源的认识程度，生源为百色的大学生中基本上能够对百色城市文化资源的认识程度达到60%以上，生源地不是百色的学生中能够对百色城市文化的认识程度达到60%的人的比例为77.5%。由此可以看出，生源地为百色的大学生对于百色城市文化资源的认识程度要高于生源地不是百色的大学生。由表8可以看出，关于百色起义的领导人的认识中，生源地为百色的学生中有65%的人对该问题有比较清楚的认识，而生源地不是百色地区的大学生中只有20%的人对该问题有比较清楚的认识，剩下80%的学生并非对该问题一点不清楚，而是认识程度比较低。同样地，表9至表11中关于百色起义纪念馆展厅、百色起义纪念碑的题名以及纪念碑的具体情况的调查也说明，生源地为百色的大学生相对于非百色地区的大学生来说，前者的认识程度也是远远高于后者。综上而言，生源地为百色的大学生相对于非百色地区的大学生而言，总体来看前者的认识程度更高。但是，关于百色地区红色文化资源的总体认识程度而言，无论生源地是否为百色，大学生对于百色地区红色文化资源的认识程度基本上都处于初级阶段，尚未达到较为高深的层次。

2. 对民族文化的认识程度

为了较为客观、清晰地了解大学生对于百色民族文化的认识程度，本研究设置以下5个问题进行问卷调查，主要有：大学生对于壮族的祖先、壮族的节庆活动、壮族的服饰特点、壮族民歌、壮族舞蹈的认识程度。可以说，大学生对于这些问题的回答情况，在某种程度上代表了他们对于百色民族文化的认识程度。具体情况详见表12至表16，具体选项见附录1。

表12 关于壮族祖先的认识情况

问　题	下面哪个被认为是壮族的祖先	
正确率	百色人	非百色人
	89%	36%

表13 关于壮族节庆活动的认识情况

问 题	以下哪些属于壮族的节庆活动				
百色人	等级	1	2	3	4	5
	比例	11%	13%	27%	38%	11%
非百色人	等级	1	2	3	4	5
	比例	25%	34%	15%	21%	5%

表14 关于壮族服饰特点的认识情况

问 题	以下哪些属于壮族服饰的特点			
百色人	等级	0	1	2	3
	比例	28%	26%	17%	29%
非百色人	等级	0	1	2	3
	比例	39%	21%	14%	26%

表15 关于壮族民歌的认识

问 题	以下哪些属于壮族的民歌				
百色人	等级	0	1	2	3	5
	比例	18%	29%	23%	19%	11%
非百色人	等级	0	1	2	3	5
	比例	34%	25%	18%	15%	8%

表16 关于壮族舞蹈的认识

问 题	以下哪些属于壮族的舞蹈				
百色人	等级	0	1	2	3	5
	比例	13%	36%	25%	17%	9%
非百色人	等级	0	1	2	3	5
	比例	26%	32%	23%	13%	6%

由表12至表16可知，生源地为百色的大学生对于壮族文化的认识程度要高于生源地非百色的大学生。根据表12和表13，生源地为百色的大学生对于壮族祖先、壮族节庆活动的认识程度要远远高于非百色地区的大学生。然而，关于壮族服饰、壮族民歌、壮族舞蹈的认识程度上，尽管生源地为百色的大学生对于这三方面的认识程度在总体上要高于生源地非百色的大学生，但是两者的认识程度相差并不是很大。由此可见，百色虽然作为壮族文化的发源地，但是也并非意味着百色地区的大学生对壮族文化的认识程度就高。从调查获得数据可以看出，一些大学生作为土生土长的百色人，对于自己的祖先和节庆活动还是相对了解的，但是由于受到"汉化"程度影响，加之家庭教育中可能并不重视对学生在民族服饰、民歌、舞蹈方面的教育和引导，从而导致学生对于这些方面的了解可能更多地依赖于学校教育，所以对于民族文化这些具体情况的了解在生源地为百色人和非百色人之间的差别并不是很大。

3. 对生态文化的认识程度

为了较为客观、清晰地了解大学生对于百色生态文化的认识程度，本研究设置以下4个问题进行问卷调查，主要有：大学生对于百色形成独特的生态旅游文化资源的原因、百色国家级生态旅游项目的认识、百色农业资源的认识、百色"一地三群一边关"的旅游格局的认识。可以说，大学生对于这些问题的回答情况，在某种程度上代表了他们对于百色生态文化的认识程度。具体情况详见表17至表20，具体选项见附录1。

表17　关于百色形成独特的生态旅游文化资源的原因的认识

问　　题	百色形成独特的生态旅游文化资源的原因有哪些			
百色人	等级	1	2	3	4
	比例	0	9%	28%	63%
非百色人	等级	1	2	3	4
	比例	7%	14%	29%	50%

表18　关于百色国家级生态旅游项目的认识

问　　题	以下不属于国家级生态旅游项目的是	
正确率	百色人	非百色人
	69%	54%

表19　关于百色农业资源说法的认识

问　　题	关于百色农业资源的说法，正确的有				
百色人	等级	1	2	3	4
	比例	3%	9%	30%	58%
非百色人	等级	1	2	3	4
	比例	10%	24%	27%	39%

表20　关于百色"一地三群一边关"的旅游格局的认识

问　　题	百色"一地三群一边关"的旅游格局说法正确的是				
百色人	等级	0	1	2	3
	比例	2%	18%	29%	51%
非百色人	等级	1	2	3	4
	比例	6%	22%	26%	46%

　　由表17至表20可知，从大学生对百色的生态旅游文化形成的原因、百色的国家级生态旅游项目、百色农业资源、百色旅游格局的认识程度来看，生源为百色的大学生与非百色地区的大学生，除了关于百色农业资源的认识程度相差较大外，其他方面基本上相差不大。因为农业资源对于土生土长在百色的大学生而言，与他们的日常生活息息相关，所以对其了解的程度自然会高于非百色地区的大学生。但是，百色的生态旅游文化资源以及相关情况，与大学生的休闲、娱乐活动密切相关，因此，无论生源地是否为百色，大学生对于百色生态旅游文化的认识程度基本上相差不大，并未出现较大的差距。

4. 对历史文化的认识程度

为了较为客观、清晰地了解大学生对于百色历史文化的认识程度，本研究设置以下4个问题进行问卷调查，主要有：大学生对考古专家在百色挖掘的文物珍品、百色市的历史名人、百色的历史文化遗产以及发生在百色的历史事件的认识程度。可以说，大学生对于这些问题的回答情况，在某种程度上代表了他们对于百色历史文化的认识程度。具体情况详见表21至表24，具体选项见附录1。

表21　关于考古专家在百色挖掘的文物珍品的认识

问　题	以下哪些是考古专家在百色挖掘的文物珍品			
百色人	等级	0	1	2	3
	比例	10%	38%	29%	23%
非百色人	等级	1	2	3	4
	比例	18%	39%	29%	14%

表22　关于百色市的历史名人的认识

问　题	以下属于百色市的历史名人有				
百色人	等级	1	2	3	4	5
	比例	5%	14%	32%	28%	21%
非百色人	等级	1	2	3	4	5
	比例	15%	22%	27%	19%	17%

表23　关于百色的历史文化遗址的认识

问　题	以下属于百色的历史文化遗址有				
百色人	等级	1	2	3	4	5
	比例	14%	22%	19%	21%	24%
非百色人	等级	1	2	3	4	5
	比例	20%	29%	18%	16%	17%

表24　关于百色历史事件的认识

问　题	发生在百色的历史事件有			
百色人	等级	0	1	2	3
	比例	3%	25%	35%	36%
非百色人	等级	1	2	3	4
	比例	15%	38%	29%	18%

由表21至表24可知，大学生对于百色历史文物、历史名人、历史文化遗址以及历史事件的认识程度相对较低，虽然总体来看生源地为百色的大学生比非百色的大学生对于百色历史的认识程度相对较高，但是两者的差距有限。两者对于百色历史文化的了解程度之所以差别不是很大，主要原因在于课堂、书本等载体是大学文化传播的主要方式，加上抖音、快手、西瓜视频、百度视频等新媒体对当代大学生的影响，导致生源地为百色的大学生与非百色的大学生对于百色的历史文化的了解程度并未出现较大差距。

通过问卷调查（表25）可知，有51%的大学生认为百色学院传承和发扬了百色的红色文化、民族文化、历史文化、生态文化，这与百色学院不断努力建设的"红色底蕴、民族风情、融创智美"的现代化校园方向一致。关于百色学院在传承这几种文化方面，学生对于红色文化的选择高达100%，这也与百色学院主打的"红色文化品牌"不谋而合。

表25　关于百色学院在办学中传承和发扬百色城市文化的调查

问　题	您认为百色学院在办学中传承和发扬了百色哪些城市文化			
选　择	等级	1	2	3	4
	比例	2%	12%	35%	51%

由表26可知，关于百色学院传承和发扬百色城市文化发挥的作用调查中，有61.5%的大学生认为发挥着非常大的作用，有30%的大学生认为发挥的作用一般，只有0.5%的大学生认为不起作用，还有8%的学生并不清楚百色学院在传承和发扬百色城市文化中到底发挥着哪种程度的作用。总体来看，绝大多数

的大学生认为百色学院在传承和发扬百色城市文化中发挥着非常大的作用。

表26 关于百色学院传承和发扬了百色城市文化的程度调查

问　题	您认为百色学院传承百色文化发挥的作用大吗			
选　择	选项	非常大	一般	几乎不起作用	不清楚
	比例	61.5%	30%	0.5%	8%

　　综上所述，通过对百色学院的大学生进行问卷调查发现，总体来看，生源地为百色的大学生对百色的红色文化、民族文化、历史文化和生态文化的认识程度要高于非百色地区的大学生。但是，两者对于这些文化的具体内容方面的认识程度上差异并不大。而且，生源地为百色的大学生对于红色文化、民族文化的认识程度要远远高于对历史文化和生态文化的认识；有61.5%的学生认为百色学院在传承和发扬百色城市文化中发挥着非常大的作用。由此可见，百色学院在传承和发扬百色城市文化的成效还是比较明显的。

　　以上是大学生主体在大学与城市文化互动方面所取得的成效，其他主体在大学与城市文化互动方面所取得的成果主要表现为以下方面：第一，教师在大学与城市文化互动中所取得的成果主要以各项科研成果（论文、著作、调研报告等）为主；第二，城市当局有关部门在大学与城市文化互动中所取得成果主要组织一些社会实践活动；第三，城市市民对城市文化的认识和了解以及文化素质方面都有一定的提高，但是这种进步更多地是以"隐性"的状态存在，难以量化。

　　总体来看，大学与城市文化互动中的主体在互动过程中都取得了一定的成果，这些成果既包括"显性"的成果，如科研成果、社会实践活动等，还包括一些不能量化、见效慢的"隐性"成果，如大学主体对城市文化的理解和认同的程度、城市市民的文化素质等，无论是哪一种类型的成果，无一例外地说明大学与城市文化互动取得了一定的成效。

二、百色市大学与城市文化互动的特点

　　依据百色市大学与城市文化互动的实践以及成效，可以发现百色市大学与

138

城市文化互动呈现以下四个特点：

（一）互动内容以红色文化和民族文化为主

大学与城市文化互动的应然状态应该是全面的互动，但是由于互动主体、互动环境等方面的制约，大学与城市文化互动中的实然状态是呈现不均衡的局面。从百色市大学与城市文化互动的具体实践的形式以及取得成果的多寡就可以明显看出，互动中关于红色文化、民族文化的形式多样化以及取得的成果数量方面都要远远高于生态文化和历史文化。在历史文化和生态文化方面，互动的形式主要以科研、论坛为主，但是在红色文化、民族文化方面的互动形式不仅有科学研究、学术沙龙，还有校园文化建设、社会实践活动，互动的形式更加丰富多样。在研究成果方面，据统计，红色文化和民族文化的研究成果各占总的研究成果的比例分别为46.7%、30.3%，而生态文化和历史文化的研究成果各占12.5%、8.5%。由此可以看出，目前百色市大学与城市文化互动并非一种全面的、均衡的互动，而是以红色文化和民族文化为主的不均衡互动。

（二）互动程度以理论层面为主

从大学的视角来看，大学在处理教学、科研和社会服务三者的关系中，往往存在着重教学和科研轻社会服务、重理论轻实践、重课堂轻课外的倾向。百色学院在参与城市文化建设中，大多数是局限于理论层面的参与，而不是实践层面的，表现为大学主体参与城市文化建设所取得的成果主要是科研课题、讲座、课程建设等。此外，教师在向学生传授百色城市文化时，主要在课堂上展现其擅长的、相关的理论研究成果。对于那些并不熟悉百色城市文化的教师而言，在进行专业课程教学时并不会涉及有关百色城市文化的相关内容，那么学生在课堂上就不会受到百色城市文化的滋养。从城市的视角来看，城市当局对于大学的支持更多的是资金和政策方面的帮助，城市有关文化部门的相关人员很少参与城市文化课题的研究。目前，百色城市当局有关部门对百色学院城市文化建设的支持主要是在资金方面的资助和政策方面的倾斜，每年城市有关部门都会对大学所取得的优秀成果进行评选和奖励，鼓励教师以科研课题的形式参与百色城市文化建设。当然，城市文化部门的有关人员也会参与科研成果的编写工作，但是文化部门与百色学院的合作主要是局限于理论成果的合作，百色学院与城市当局有关部门很少以合作的方式开展百色城市文化传播的社会实践活动。目前为止，两者合作的关于百色城市文化的实践活动只有清明节的公祭烈士活动以及植树节举办的植树活动。所以，总体来看，百色市大学与城市文化互动偏重理论层面，而忽视社会实践。

（三）互动方式具有行政色彩

政府作为城市进行文化建设的主导者和参与者，其对城市文化的关注程度、行为决策以及方针制度都会对城市文化传播和建设产生重要的作用和影响。大学作为城市文化的重要传播者和创新者，其有关的活动自然离不开政府部门监督和管理，所以，大学与城市文化互动也需要政府部门的引导、规范和推动。政府在明确大学与城市文化互动的方向、制定两者互动的发展战略方面发挥着引导作用。百色市大学与城市文化互动中，政府通过物质层面和精神层面的支持和奖励营造两者互动的氛围，引导百色市大学不断地进行百色城市文化的传播和创新。大学与城市文化互动并不是杂乱无序的，而是在相应的规范和约束下有序进行的，百色市政府通过制定和完善相关的法律法规来规范大学与城市的文化互动，使两者的互动朝着科学合理的方向发展。此外，百色市政府还通过科研、社会实践的形式推动大学与城市在红色文化、民族文化、生态文化以及历史文化方面的互动。所以说，政府在百色市大学与城市文化互动中扮演引导者、规范者和推动者的角色，在大学与城市文化互动中可以说是起到把握全局的作用，所以两者的互动必然地带有行政色彩。

（四）互动成果是主体间以精神客体为中介的意义建构

互动是一种包含互动主体与客体、互动中介、互动过程、互动结果等要素，静态和动态相结合的系统。城市文化是主体在互动中创造的成果，文化传承的过程离不开互动，城市文化传承本身就是主体间的符号交流过程。大学与城市文化互动的中介主要是指能够增进互动主体的认知发展、丰富精神世界以及完善主体人格的物质层面和精神层面的文化以及相关的文化知识。大学与城市文化互动的主体之间在进行互动的过程中不仅传播了城市文化的知识信息，还在智慧、情感的交流与沟通中领悟城市文化的精神内涵。在互动的过程中，大学与城市文化、大学与城市主体之间不再是主体与客体间的两级关系，而是大学与城市文化主体以共同的精神客体为中介的"对话"关系。大学与城市文化主体凭借着自身在互动发展中的主体性，实现主体在城市文化方面的融合和协调。百色市大学与城市文化互动的过程是互动主体以红色文化、民族文化、生态文化和历史文化为中介进行精神层次的交流与对话，不仅能够促进百色城市文化的传承和创新，而且有助于滋养和丰富主体间的精神和人格。

三、百色市大学与城市文化的共栖关系

根据共同体理论，百色的大学与城市是关系共同体、文化共同体、利益共同体、命运共同体。一方面，百色学院是百色城市文化传承、发展的重要平台；另一方面，百色城市文化是百色学院发展的文化源泉。

（一）百色学院是百色城市文化发展的重要平台

"大学一般依托城市而建，是城市中学术思想交流的主要场所，也是社会良知和理性凝聚之地。"[①]大学肩负传承和发扬城市文化的责任和使命，百色学院在传承和发扬百色城市文化的过程中发挥着重要作用，主要表现为以下几个方面：

1. 百色学院辐射百色城市文化

大学在吸收城市文化养分的同时，又把自己具有前瞻性、先进的观念输送给城市；在繁荣城市文化的同时，又伸张了城市的形象和吸引力、竞争力。大学由自身的基本职能，衍生出特定的文化辐射功能。大学以自身特有的文化辐射方式作用于周围环境，为城市文化建设做出贡献。大学文化中的科学精神、人文传统、创新意识、高雅娱乐形式等对外界社会产生着辐射和影响，引领城市文化向更高层次发展，促进城市物质文明与精神文明建设的发展，为城市文化的进步与发展增添新的内容与成分。大学不仅能以其精神产品，而且能以其

---

① 胡建国. 论高等教育参与城市文化建设的特点及途径[J]. 湖南大学学报（社会科学版），1996（03）：85-88.

所造就的全面发展的人才向所在城市辐射先进文化，以多功能、多形式地辐射作用于城市文化的发展和提升。百色学院发挥对百色城市文化的辐射功能主要表现在以下三个方面：

第一，百色学院是百色市先进文化的"播种机"。作为百色城市文化的重要阵地，百色学院拥有相对雄厚的师资力量，他们以自身的高度文化自觉和文化自信，承担起百色城市文化传承与创新的责任。百色学院发动和组织专家、学者，利用其社会影响力和教育宣传阵地，自觉参与百色市的各种论坛讲坛、学术交流、媒体宣传、文艺创造等团体活动，以生动形象、丰富多彩的形式和手段，直接或间接地解释和宣传百色城市文化，尽最大的努力使百色的历史文化、红色文化、生态文化、民族文化在广大群众中生根、发芽、开花、结果。

第二，百色学院是百色市文化产业的"孵化器"。大学聚集了庞大的人才和技术优势，蕴含着开发与创造的巨大潜能，大学的优势使得其成为城市文化产业的"孵化器"和"辐射源"。从文化创意到文化产品研发，从文化创新与资本融合到文化创新成果转化，既是大学释放文化潜能的过程，也是文化产业孕育、形成的过程。为提高自身文化创新能力，加快百色文化产业的孵化进程，百色学院积极探索开放办学的新思路、新对策，通过校企深度合作，引资建设百色首个创意产业园，即百色学院澄碧校区校前区创意产业园。创意产业园以BOT模式进行合作开发建设的创意产业园，也是百色市目前第一个创意产业园。学校将依托高校自有的文化特色优势与智力支持优势，整合校内外资源共同开发建设，是发展创意产业作为提升学校人才培养质量和催化地方经济转型的重要战略举措，对推动学校建设高水平应用型大学的深化成型、打造和发展百色及周边创意产业链具有重要意义。①

第三，百色学院是百色城市市民文化的"导航仪"。如今大学的社会性越来越备受重视，大学的社会服务功能决定了大学肩负着传播和弘扬城市文化的职责和使命。大学作为城市社会中的文化大本营和集聚地，它所培养的人才在与城市社会市民进行交往的过程中会将他们的价值观念、思想意识以及行为规

---

① 邓民胜. 我校引资建设百色首个创意产业园[EB/OL]. http://www.bsuc.cn/info/1273/46964.htm，2020-04-13.

范对城市市民进行潜移默化的渗透，对城市文化建设产生辐射作用。通过丰富市民文化内容、创新市民文化形式、指导市民文化活动，用富有魅力和感染力的表现形式弘扬真善美，努力促进先进文化和高雅文化的大众化和普及化，更好地传承和弘扬时代文化和民族文化精神，创造性地引领市民文化始终朝着正确方向健康发展。

2. 百色学院引领百色城市文化

随着文化在大学与城市社会中所发挥的作用越来越重要，现今一些专家学者们认为大学职能不再仅仅局限于培养人才、科学研究和服务社会，还应该包括文化引领，建议将文化引领列为大学的第四职能。正如伯顿·克拉克（Burton Clark）所言："大学是人类社会的动力站。"[①]事实上，现代大学自发轫之初就成为文化策源地，成为反映和引领一个国家、一个民族的重要精神性力量。就像黑格尔所言："没有洪堡大学就没有光辉灿烂的德意志文明。"[②]大学是城市发展过程中的人才高地、创智源泉，更是精神坐标。大学是民族优秀传统文化的传承者，也是城市文化发展潮流的风向标。

大学是知识、智力、智慧、思想生产的策源地，也是引领社会发展潮流、服务国家建设重任、回应时代发展命题的大舞台。作为"社会之模范，文化之中心"的大学，应进一步肩负起传承和引领城市文明的时代责任。百色学院作为百色地区重要的文化载体，是推动百色城市文化建设和发展的重要"推手"。文化引领性决定了百色学院必须承担引领百色城市文化发展的使命和职责，师生强烈的求知欲、探索精神和社会敏感性，能够最先感受到城市在各方面和社会的变化，他们作为城市发展的智囊团，对城市文化建设中发挥着引领作用。百色学院的师生通过亲身的科研调查，以研究报告的形式将科研成果提交给城市政府，为百色城市文化的建设和发展提出建设性的意见。可见，百色学院为百色城市文化的传承、创新提供了源源不断的知识创造能力、知识流动能力、智慧策源能力，为百色城市文化传播提供了更加活跃的文化空间、更富魅力的人文环境。

① [美]伯顿·克拉克. 高等教育新论——多学科的研究[M]. 王承绪，徐辉，等译. 杭州：浙江教育出版社，1988：22.
② 孙承武. 巍巍学苑：全球十大名牌大学概况[M]. 北京：京华出版社，2003：284.

3. 百色学院创新百色城市文化

"大学的本质是一种以传承和创新文化为己任的功能独特的文化组织"[1]，只有不断进行文化创新，大学才能发挥其服务社会、引领社会的基本功能。文化也是作为一种生命体而存在，维系其生命力的主要因子就是创新，而且是持续不断地创新，因为文化只有不断地更新才能保持文化系统的生机与活力，才能在优胜劣汰的环境中长久地生存下去。大学作为城市文化创新的重要主体，在某种程度上可以说创新是大学引领城市文化建设与发展的根本动力。大学所拥有的科技优势、创新优势不仅会影响大学文化的创新，还能够提升城市文化的科技素质和竞争力。

百色学院对百色市科技创新具有孵化作用。大学凭借自身的人才、科研优势，在对城市的现代技术方面具有领先作用。具体来说，就是大学所创造的新技术、新产品、新设备等直接转化为生产力。大学的科技创新不仅仅提高了大学的创新能力和创新水平，还能够推动城市快速形成科技文化氛围，从而提高城市的创新竞争力。目前，百色学院在驱动百色城市科技创新方面获得了百色市科技局的认可。百色市科学技术局印发《百色市科学技术局关于认定2021年百色市工程技术研究中心的通知》，百色市共认定9家机构为百色市工程技术研究中心，其中，百色学院4个科技创新平台被认定为百色市工程技术研究中心。这是对百色学院长期坚持学科专业与科学研究紧密对接地方经济社会发展努力的肯定，也表明学校始终奉行校企合作办学发展战略的有效性，对促进学校今后的科技成果转化、高素质应用型人才培养和服务地方职能提升具有积极意义。[2]

（二）百色城市文化是百色学院发展的文化源泉

一个人如果没有灵魂只有肉体，就如同"行尸走肉"。对于一座城市而言，亦是如此。如果只有高楼大厦、川流不息的车辆，也不能称之为城市。文化是一座城市的灵魂。世界上知名的城市，无一不是拥有着丰厚的文化底蕴的城

---

① 王冀生. 大学文化哲学：大学文化既是一种存在更是一种信仰[M]. 广州：中山大学出版社，2012：27.
② 邓民胜. 我校四个科技创新平台获市工程技术研究中心认定[EB/OL]. http://dwxcb.bsuc.edu.cn/info/1101/11962.htm，2021-04-15.

市。在今天的城市发展中，文化也越来越成为其重要推动力。譬如，巴塞罗那通过与城市设计相联系的文化计划和举办城市文化节，推动城市再创辉煌；悉尼利用2000年奥运会，推动城市品级攀上新的台阶；英国曼彻斯特城市委员会在其文化战略研究报告中断言，"21世纪的成功城市将是文化城市"，"文化已成为城市发展战略的轴心，经济、社会、技术和教育战略与文化的关联越来越密切。在未来的竞争中，信息与知识是地方经济可持续发展的关键，只有那些学会如何战胜文化挑战的城市才能得到最佳发展"[①]。在中国，几乎绝大多数大学都坐落在城市之中，大多数城市的文化积淀要比大学深厚，城市文化深深影响着坐落于此的大学，丰富多元的城市文化为大学的存在和发展提供了适宜的空间。百色城市文化具有较强的地域性、独特性，它与百色学院的办学特色具有十分密切的联系，它孕育和滋养了百色学院，对百色学院的办学实践，特别是为学科建设、科学研究、人才培养、服务社会、文化引领等方面功能的实现，提供强有力的精神指导和文化资源。总体来看，百色的城市文化对百色学院的影响主要表现在以下几个方面：

1. 百色城市文化为百色学院的校园文化建设指明了总方向

大学的校园文化作为城市文化中的一种亚文化，是城市文化系统中的重要组成部分，其建设和发展不可能游离于城市文化整体而独立存在，离开了城市整体文化的发展方向就好比无源之水、无本之木。每一座城市都有其独有的、鲜明的文化特征，大学虽然以文化的殿堂著称，但是大学文化终究还是植根于城市文化之中的，势必会受到城市文化的感染和熏陶并且带有城市文化的地域特征。城市文化在大环境里引领了大学文化发展的总体方向，大学的文化发展必须纳入城市的文化规划之中。譬如，深圳的"拓荒牛"精神，上海的"浦东"精神，南京的"二桥"精神、"迎华商会"精神，这些都或多或少地体现在当地的大学文化中。复旦大学的"博学而笃志、切问而近思"、上海交通大学的"饮水思源、爱国荣校"、南开大学的"允公允能"等，均从不同侧面折射出其所在城市的文化特征。[②]

---

① 王宗光. 发挥大学文化对城市文化的助推作用[J]. 上海党史与党建，2003（07）：1-3.

② 刘文俭，高晓洁. 高校文化与城市文化关系探析[J]. 中共青岛市委党校青岛行政学院学报，2006（02）：11-14.

百色学院作为百色地区为数不多的高等学府，80多年来，百色学院一直坚持在百色地区办学，立足百色老区独有的"革命性、民族性、边疆性"优势资源，以"百折不挠、奉献拼搏、团结务实、争先创新"的百色精神铸魂育人，积淀了具有鲜明特色的大学文化——"团结合作、艰苦奋斗、克难攻坚、磨砺成才"的石磨文化。百色学院历经探索，凝练了建设具有百色精神的高水平应用型大学的办学定位和培养具有百色精神的高水平应用型人才的人才培养定位，构建了百色精神铸红魂"三全育人"体系和"双元制＋双园制"应用型人才培养体系的"双系驱动"育人模式，形成了"红色铸魂、学以致用"的办学特色；秉承"志远行敏、德高业精"校训，学校为社会输送了16万余名具有百色精神特质、德智体美劳全面发展的应用型人才，有力促进了区域经济社会及教育事业的发展，为边疆民族地区的经济发展、社会进步和国防巩固做出巨大贡献。

2. 百色城市文化为百色学院教学和科研提供养料

良好的城市文化环境就像是一把大伞笼罩着整个大学，城市文化精神让身处其中的大学在潜移默化中得到文化熏陶。百色城市作为百色学院一种外部环境，其文化资源对于百色学院的教学、科研活动势必会产生影响。主要表现在：

第一，百色城市文化为百色学院教学育人提供了资源依托。百色地区的地缘优势、民族特色、历史优势为百色学院的课程设置、教学活动提供了先天性的资源条件。百色城市文化资源优势为百色学院打造干部培训高地奠定基础。百色学院基于百色红色文化资源优势，专门成立了百色学院红色文化培训学院，这是广西壮族自治区专业技术人员继续教育基地（以下简称"学院基地"），也是用红色资源构筑"文化育人"的精神高地。学院基地严格按照干部培训课程体系建设的有关规定和要求，紧密围绕中央和自治区重大战略部署，贴近广西实际，充分挖掘百色得天独厚的红色资源，形成"4+8"的培训课程体系，即专题教学、现场教学、体验教学和互动教学4大教学模块和党的指导思想宣讲类、党史教育类、边疆爱国主义教育类、红色教育类、廉政教育类、乡村振兴与生态文明类、业务培训类、行动学习类8大类培训专题。同时，不断更新课程专题，丰富课程内容，夯实培训体系的"四梁八柱"。学院基地在百色红色革命遗址现场教学中打造了"右江豪杰，百色英魂""血性百色，边民永籁""辉煌起百色，翰墨写春秋"等精品课程，引导学员在学习中领会精神要义，在研讨中明晰发展路径，在践行中凝聚奋进伟力。[①]

第二，百色城市文化为百色学院进行科学研究提供丰富的养料和素材。城市文化孕育和滋养了大学的办学特色，是大学进行科学研究的重要资源和切入点。基于百色地区的红色文化、民族文化、历史文化、生态文化等文化资源优势，百色学院成立了诸多研究院、研究中心或研究基地。百色学院基于自身的红色文化资源优势，专门成立了全国红色艺术教育示范基地、老区精神与老少边地区发展研究中心、左右江革命老区发展研究基地等特色研究基地，讲好红色故事，深化红色研究。百色学院基于其民族特色和区位优势，专门成立了跨境民族文化遗产研究中心、桂西民族语言文化与译介研究基地、百色市民族影像文化中心、民族文化翻译研究中心、壮英语言文化比较与翻译协同创新中心等，展现百色独特的民族语言和民族文化特色。百色学院基于百色的历史文化资源，专门成立了百色学院博物馆、中国共产党革命精神与文化资源研究中心、百色学院校史研究中心等，传承百色的历史文化、革命精神。百色学院基于百色的生态文化资源，专门成立了广西文化和旅游研究基地、桂西区域生态环境分析与污染控制重点实验室等，基地主要依托民族学、文化学、旅游学、生态学等研究力量和学术资源，围绕"挖掘百色历史文化资源，打造百色文旅故事品牌"开展民族文化保护与传承创新、非遗扶贫、博物馆旅游、乡村文化振兴等研究，推进百色文旅融合发展。

3. 百色城市文化为百色学院校园文化建设打上地域文化烙印

事实上，城市文化与大学文化互动关系就像是"大环境"与"小环境"的关系。当城市的政治、经济、文化等"大环境"发生变化时，作为"小环境"的大学文化也会受到城市文化的影响。正如英国著名的学者阿什比曾说过的那样："任何类型的大学都是遗传与环境的产物。"[②]不同的时代环境、不同的民

---

① 谢永林，廖志华，蒙界龙.百色学院：依托独特地方资源打造干部培训高地[N].光明日报，2023-11-30.
② [英]阿什比.科技发达时代的大学教育[M].滕大春，滕大生，译.北京：人民教育出版社，1983：7.

族与文化背景下，会造就风格迥异的大学。城市文化底蕴会深深影响坐落于斯的大学，不同的城市文化孕育了独具特色的大学文化。城市在发展与变迁的过程中会形成独具地方特色和时代精神的城市文化，成为城市文化的标志和名片，带有浓厚的地域特色，使得其地域内大学精神的传承与发扬天然地被打上城市文化的烙印，凸显当地城市精神文化的内涵与特色。

百色城市文化的地域特色直接影响到百色学院的文化建设。百色学院作为一所坐落于百色城市之中市属的公办本科院校，它的校园文化会深受百色地域文化的影响，使其被打上百色地域文化的烙印。主要表现在：在红色文化方面，在百色红色文化的影响下，百色学院大力实施"六个一工程"，即建立一个百色起义信息平台、打造一台常演常新的红色经典文艺演出、开设一批红色经典教育微型课程、开设一个红城大讲台、举办一系列红城学术沙龙、形成一批红色研究成果，形成百色学院的红色文化品牌；在历史文化方面，在百色历史文化的影响下，百色学院的师生们通过编纂百色历史著作、开展百色历史文化的学术沙龙与讲座等方式传承、发扬百色的历史文化，并且取得丰硕的成果，形成百色学院的历史文化品牌；在生态文化方面，在百色生态文化的影响下，百色学院通过讲坛与沙龙、社会实践与调研活动等传承与保护百色的生态文化，形成百色学院的生态文化品牌；在民族文化方面，在百色民族文化的影响下，百色学院的师生们通过科学研究、学术交流以及校园文化建设等方式传承与发扬百色的民族文化，形成百色学院的民族文化品牌。

4. 百色城市文化为百色学院的人才培养提供了精神指导

不同地域的城市文化会为大学的人才培养涂上不同的底色，大学尤其是市属高校在人才培养的过程中会根据城市文化的特点因材施教。市属高校主要培养的是本地区的人才，生源也主要来自本地区，以服务于地区经济社会发展为目的，其人才培养的目标充分体现了地域文化的特点，从而使培养出来的毕业生更好地适应地方经济社会发展需要，服务于地方经济社会发展需要。市属高校的人才培养目标直接决定了其人才培养工作必须植根于地域文化的沃土。

百色城市文化丰富和深化了百色学院的人才培养理念。百色学院作为百色地区的市属高校，一直坚持在"老、少、边、山、穷、库"地区办学，以服务百色经济社会发展为主要目的，其人才培养的目标体现了百色城市文化的地域特征。百色城市文化核心精神是丰富的，在长期的革命、建设、改革过程中，百色逐渐形成了以"弘扬传统、团结务实、奉献拼搏、争先创新"为核心内涵的城市精神。百色学院对百色城市文化核心精神进行提炼和阐释，将之引入到百色学院的人才培养实际工作中去。百色城市文化的核心精神是百色学院形成人才培养特色的源头活水，百色学院坚持以"弘扬传统、团结务实、奉献拼搏、争先创新"的百色精神办学育人，为社会输送了"下得去、留得住、用得上、干得好"的"四得"专门人才，为百色地区经济社会发展做出了巨大贡献。

百色城市文化为百色学院的人才培养提供了丰富的人文资源。在百色城市文化的影响下，一方面，百色学院深入推进了百色精神铸红魂"三全育人"体系建设，不断完善了红色课程育人体系，打造了育人平台，搭建了育人载体，探索了系列育人方法，初步构建了全员参与、全过程融入、全方位覆盖的"三全育人"格局，引导广大师生心怀祖国，勇担时代重任；另一方面，百色学院不断完善"双元制＋双园制"应用型人才培养体系，形成校政企产教融合协同育人模式，创新了产教融合的组织形式，多元主体共享共赢的产教融合生态圈已经初具雏形。[①]百色学院从百色城市文化中汲取优秀的思想文化资源，并且将这种优秀的文化资源充实到百色学院人才培养的办学实践中，有助于百色学院形成独特的育人风格，有利于百色学院更加融入百色城市文化的发展，也有利于百色城市文化的传播和交流。

5. 百色城市文化为百色学院的学科建设提供资源和素材

百色城市文化不仅是百色学院学科建设的切入点和重要资源，还是百色学院建设特色学科的重要内容，利用百色城市文化开展学科建设是百色学院学科建设的重要途径。百色城市文化为百色学院的学科建设创造了有利的地域条件，百色城市文化资源具有较强的区域性、独特性，为百色学院在特色学科建设以及特色文化研究方面提供了资源和素材。

百色城市文化为百色学院的学科建设奠定了文化基础。百色城市文化中的

[①] 金长义. 赓续前行继宏志 奋辑争先向未来 稳步推进建设具有百色精神的高水平应用型大学——在百色学院2022年教学科研大会上的讲话[EB/OL]. http://dwxcb.bsuc.edu.cn/info/1101/17901.htm, 2022-12-22.

人文资源是百色学院建设特色学科的重要素材，将百色学院的特色学科建设与百色城市文化的特色人文资源紧密相结合，可以促进百色学院特色学科的形成。地处革命老区的百色学院充分依托"革命性、民族性、边疆性"三种特色资源，充分利用广西新一轮马克思主义理论学科培育资源，聚焦马克思主义在边疆民族地区运用和发展的重大理论和现实问题，积极服务边疆民族地区宣传思想文化工作，扎实推进马克思主义理论学科建设，服务边疆民族地区的高质量发展。①

百色城市文化为百色学院的特色文化研究提供了素材。以百色城市文化中红色文化、民族文化、历史文化等人文资源为研究对象，通过百色学院的深入挖掘和利用，创造出大量关于百色城市文化传承与传播的研究成果，丰富了人文科学的发展。一方面，百色学院的师生深度挖掘地方红色文化资源，着力讲好百色红色故事。学校出版红色科研著作100多部，发表红色文化研究论文200多篇；开设红色经典微型课程181门，选课学生累计达9.1万人；完成红色课题研究近200项，参研师生达2000余人；在国内主流媒体发表理论宣传文章50篇次。另一方面，百色学院凝聚核心骨干，聚焦研究方向，开展重点攻关，坚持"把论文写在八桂大地上"，效果显著。近年来，学科获得国家社科基金项目的立项数量，位居广西同类高校马克思主义学院前列；完成"百色精神铸红魂'三全育人'体系构建与实践研究系列丛书""广西红军村系列丛书""澄碧文库系列丛书""广西边境地区大中小学铸牢中华民族共同体意识教育系列丛书"等丛书的出版，为做好边疆民族地区宣传思想文化工作打下了坚实基础。②

---

① 徐魁峰，黄兴忠，刘繁荣.百色学院：发挥学科优势服务地区高质量发展[N].2023-11-09.
② 徐魁峰，黄兴忠，刘繁荣.百色学院：发挥学科优势服务地区高质量发展[N].2023-11-09.

结　语

一、研究结论

本研究从共同体视域出发，立足于大学与城市文化互动关系的探讨，通过对本研究有关的文献资料进行整理和分析，以实地调研的方式考察了百色地区大学与城市文化互动的现状、成效，并在此基础上总结两者之间文化互动的特点，深入探讨和分析了大学与城市文化互动间的相互关系。本研究的主要结论如下：

第一，通过大学与城市互动的历时态追溯，探究大学与城市互动发展的历史演进历程，得出文化是大学与城市互动的共源及载体。

第二，通过大学与城市文化互动的共时态考察得出大学与城市文化之间是一种互利共生的关系，即大学对城市文化具有引领、辐射和创新的功能，同时城市文化对大学也具有一定的功用，赋予大学地域文化特色并且对大学建设提供文化源泉。

第三，以广西百色市为个案，探究百色市大学与城市文化互动的现状，并在此基础上归纳和总结大学与城市文化互动的特点，即互动内容以红色文化和民族文化为主、互动程度以理论层面为主、互动方式具有行政色彩、互动成果是主体间以精神客体为中介的意义建构。

第四，百色市大学与城市文化之间是一种相互作用、相互影响的共栖关系，百色学院对百色城市文化起到引领、辐射和创新的作用，百色城市文化对百色学院的校园文化建设指明了方向，是百色学院教学、科研课题的重要来源，为百色学院的学科建设提供了文化资源，也为百色学院的人才培养提供了精神指导。

第五，基于百色市大学与城市文化互动中涌现的突出问题，对大学与城市文化互动进行了深入的思考并提出实现大学与城市文化良性互动的有效路径，即重塑大学与城市文化互动的思想基础，建立大学与城市文化互动的有效机制，构建大学与城市文化互动的共生系统。

二、研究局限与未来展望

共同体视域下大学与城市文化互动研究应该是一个跨领域的多学科问题，由于研究者的学术水平有限，本研究中还存在以下问题：第一，由于获取资料的有效性，本研究主要是从大学的视角来分析和探讨大学与城市文化互动的关系，研究中所得到的结论可能会有一定的局限性；第二，一个案例所得出的结论的有效性和可靠性还有待于进一步的考究，如果对更多的案例进行研究，其可靠性将会有所增加。

所以，在未来的研究中，可以从不同的城市主体进一步探讨大学与城市文化在不同层面的互动，运用更具有典型性、代表性、可靠性的评价指标进行全面的论证。

本研究所提出的问题和观点只代表笔者的一点拙见，在理论研究和实践应用上还远远不足。对于大学与城市文化互动的研究依然是任重而道远，有待于更多的学者去探索、研究和创新。

附　录

附录1　关于大学生对于百色城市文化认识程度的调查问卷

亲爱的同学：

您好！我是广西民族大学的教师，现在正在撰写一部关于百色市大学与城市文化互动的专著。为了了解百色大学生对于该城市文化的认识程度，特编制此问卷。本次调查采用无记名抽样，保证您的信息不会被泄露。问卷填写将耽误您几分钟时间，请您将答案填在每个问题的序号前面。谢谢您的配合和参与！

一、个人基本信息

1. 您的性别是

    A. 男　　　　　　　　　　B. 女

2. 您属于哪个年级

    A. 大一　　　　　　　　　B. 大二

    C. 大三　　　　　　　　　D. 大四

3. 您是否是百色人

    A. 是　　　　　　　　　　B. 不是

二、有关百色城市文化的调查

1. 以下哪些属于百色的红色文化资源

    A. 百色起义纪念馆　　　　B. 百色起义革命烈士纪念碑

    C. 广西右江民族博物馆　　D. 粤东会馆

    E. 狮子山红旗军战争遗址

2. 以下哪些是百色起义的领导人

    A. 邓小平   B. 张云逸

    C. 雷经天   D. 韦拔群

    E. 张太雷

3. 以下哪些属于百色起义纪念馆中的展厅

    A. 百色风雷   B. 革命英杰

    C. 邓小平与百色   D. 民族民俗文化陈列馆

4. 百色起义纪念碑正面镌刻的字（"百色起义的革命烈士永垂不朽"十三个金色大字）是谁亲笔题写的

    A. 邓小平   B. 江泽民

    C. 胡锦涛   D. 李鹏

5. 下面关于百色起义纪念碑的介绍中，你认为哪些是正确的

    A. 纪念碑的高度是23.9米

    B. 台阶的宽度是11米

    C. 从山下上到纪念碑广场的台阶是314级，314取自我们数学中的"π"，即3.14…的意思，寄寓百色革命精神将世代相传

    D. 台阶由黑色花岗岩构筑而成

6. 百色市作为壮族文化的发祥地，下面哪个被认为是壮族的祖先

    A. 布洛陀   B. 蚩尤

    C. 盘瓠   D. 阿普笃慕

7. 以下哪些是壮族的节庆活动

    A. 抛绣球   B. 斗牛

    C. 抢花炮   D. 狮子上刀山

    E. 火把节   F. 开斋节

8. 以下哪些属于壮族服饰的特点

    A. 以蓝黑色衣裙、衣裤式短装为主

    B. 壮族妇女普遍喜好戴耳环、手镯和项圈

    C. 壮族服饰主要有蓝、黑、棕三种颜色

    D. 以夺目的色彩、繁复的装饰和耐人寻味的文化内涵著称于世

9. 以下哪些属于壮族的民歌

    A.《坡芽歌书》

    B.《嘹歌》

    C.《马骨胡之歌》

    D.《布伯》

    E.《蝴蝶歌》

10. 以下哪些属于壮族的舞蹈

    A. 春堂舞

    B. 火猫舞

    C. 扁担舞

    D. 春牛舞

    E. 芦笙舞

11. 百色形成独特的生态旅游文化资源的原因有

    A. 百色市四面山峰环抱，既是典型的小盆地城市，同时也是典型的山区

    B. 属于亚热带季风气候，光热充沛，雨热同季，夏长冬短

    C. 山区面积占90%以上

    D. 常年光照时间较长，夏长冬短，且冬无严寒，夏无酷暑

12. 百色生态农业旅游资源非常丰富，民族风情浓郁，目前已经有三个国家级
    生态旅游项目。以下不属于国家级生态旅游项目的是

    A. "凌云茶山"金字塔

    B. 百色国家农业科技示范园

    C. 田阳布罗洛芒果风情园

    D. 田阳县生屯"农家乐"旅游

13. 百色的生态农业观光旅游资源丰富，亚热带农业种类多、知名度高。以下
    关于百色农业资源的说法，正确的有

    A. 有"中国芒果之乡"的美誉

    B. 有"中国八渡笋之乡"的美誉

    C. 有"中国茴油之乡"的美誉

    D. 有"中国茶叶之乡"的美誉

14. 百色目前已经形成多条精品旅游线路，"一地三群一边关"的旅游格局基本形成。有关这个基本格局说法正确的有
    A. "一地"指的是红旗军革命旧址
    B. "一地"指的是百色起义纪念馆
    C. "三群"指大石国天坑群、通灵峡谷群、古龙山峡谷群
    D. "三群"指玄武岩群、马岭河谷群、水源洞
    E. "一边关"指的是中越边境

15. 以下哪些是考古专家在百色挖掘出来的文物珍品
    A. 大型手斧   B. 崖壁画
    C. 石雕画像   D. 手镐
    E. 陶塑猪首

16. 以下属于百色市的历史名人有
    A. 李绍杰   B. 朱鹤云
    C. 岑毓英   D. 岑怀远
    E. 瓦氏夫人

17. 以下属于百色的历史文化遗址有
    A. 百谷遗址   B. 檀河遗址
    C. 杨屋遗址   D. 革新桥遗址
    E. 上宋遗址

18. 发生在百色的著名的历史事件有
    A. 侬智高农民起义   B. 黑旗军援越抗法
    C. 西林教案   D. 龙舟起义

19. 您认为百色学院在办学的过程中传承和发扬了百色哪些城市文化
    A. 红色文化   B. 民族文化
    C. 生态文化   D. 历史文化
    E. 不清楚

20. 您认为百色学院在传承百色文化发挥的作用大吗
    A. 非常大   B. 一般
    C. 几乎不起作用   D. 不清楚

附录2 关于大学与城市文化互动的访谈提纲

1. 百色的城市文化有历史文化、红色文化、民族文化以及生态文化，您主要是通过什么样的途径来认识和了解这些文化的？

2. 您觉得这些城市文化对您的工作和学习有哪些启示和指导呢？

3. 您认为贵校在传承和发扬百色城市文化中发挥了什么作用？

4. 请问贵校主要通过什么方式来传承和发扬百色的城市文化？

5. 您觉得贵校在传承城市文化的过程中有哪些方面可以借鉴城市的方式？

6. 您觉得师生在传承和发扬百色城市文化的过程中各自扮演什么样的角色？

7. 您希望贵校在传承城市文化的过程中得到政府机构在哪些方面的支持？

8. 贵校在传承和发扬百色城市文化的过程中取得了哪些成果？

9. 您觉得目前贵校在传承和发扬百色城市文化中存在哪些优势和不足？

<h1>参考文献</h1>

一、著作类

[1] [英]威廉·博伊德，埃德蒙·金.西方教育史[M].任宝祥，吴元训，译.北京：人民教育出版社，1985.

[2] [英]约翰·亨利·纽曼.大学的理想[M].徐辉，顾建新，何曙荣，译.杭州：浙江教育出版社，2001.

[3] [英]托马斯·亨利·赫胥黎.科学与教育[M].单中惠，平波，译.北京：人民教育出版社，1990.

[4] [德]卡尔·雅斯贝尔斯.什么是教育[M].邹进，译.北京：生活·读书·新知三联书店，1991.

[5] [美]约翰·布鲁贝克.高等教育哲学[M].王承绪，译.杭州：浙江教育出版社，1987.

[6] [美]克拉克·克尔.大学之用[M].高铦，高戈，汐汐，译.5版.北京：北京大学出版社，2018.

[7] [美]克拉克·克尔.大学的功用[M].陈学飞，陈恢钦，周京，等译.南昌：江西教育出版社，1993.

[8] [英]阿什比.科技发达时代的大学教育[M].滕大春，腾大生，译.北京：人民教育出版社，1983.

[9] [英]爱德华·泰勒.原始文化[M].蔡江浓，译.杭州：浙江人民出版社，1988.

[10] [英]马林诺夫斯基.文化论[M].费孝通，译.北京：中国民间文艺出版社，1987.

[11] [加拿大]简·雅各布斯.美国大城市的生与死[M].金衡山，译.南京：译林出版社，2005.

[12] 颜一.亚里士多德选集（政治学卷）[M].北京：中国人民大学出版社，1999.

[13] [德]斐迪南·滕尼斯.共同体与社会：纯粹社会学的基本概念[M].林荣远，译.北京：商务印书馆，1999.

[14] [法]埃米尔·涂尔干.社会分工论[M].渠东，译.北京：生活·读书·新知三联书店，2000.

[15] [英]齐格蒙特·鲍曼.共同体[M].欧阳景根，译.南京：江苏人民出版社，2003.

[16] [德]马克思，恩格斯.马克思恩格斯选集：第1卷[M].中共中央马克思恩格斯列宁斯大林著作编译局，译.北京：人民出版社，2012.

[17] [德]马克思，恩格斯.马克思恩格斯全集：第3卷[M].中共中央马克思恩格斯列宁斯大林著作编译局，译.北京：人民出版社，2002.

[18] [德]马克思，恩格斯.马克思恩格斯选集：第4卷[M].中共中央马克思恩格斯列宁斯大林著作编译局，译.北京：人民出版社，1972.

[19] [德]马克思，恩格斯.马克思恩格斯全集：第42卷[M].中共中央马克思恩格斯列宁斯大林著作编译局，译.北京：人民出版社，1979.

[20] [德]马克思，恩格斯.马克思恩格斯全集：第23卷[M].中共中央马克思恩格斯列宁斯大林著作编译局，译.北京：人民出版社，1972.

[21] [德]马克思，恩格斯.马克思恩格斯文集：第1卷[M].中共中央马克思恩格斯列宁斯大林著作编译局，译.北京：人民出版社，2009.

[22] [古希腊]亚里士多德.尼各马可伦理学[M].廖申白，译.北京：商务印书馆，2003.

[23] [美]丹尼尔·A.科尔曼.生态政治[M].梅俊杰，译.上海：上海译文出版社，2006.

[24] [美]戴维·波普诺.社会学[M].李强，译.北京：中国人民大学出版社，1999.

[25] [美]刘易斯·芒福德.城市发展史——起源、演变和前景[M].宋俊岭，倪文彦，译.北京：中国建筑工业出版社，2005.

[26] [美]德里克·博克.走出象牙塔——现代大学的社会责任[M].徐小洲，陆军，译.杭州：浙江教育出版社，2001.

[27] [法]雅克·勒戈夫.中世纪的知识分子[M].张弘,译.北京:商务印书馆,1996.

[28] [美]戴维·林德伯格.西方科学的起源[M].王珺,刘晓峰,等,译.北京:中国对外翻译出版公司,2001.

[29] [美]丹尼尔·布尔斯廷.美国人——建国的历程[M].中国对外翻译出版公司,译.北京:生活·读书·新知三联书店,1993.

[30] [日]A.J.汤因比,池田大作.展望21世纪——汤因比与池田大作对话录[M].荀春生,朱继征,陈国梁,译.北京:国际文化出版公司,1985.

[31] [德]黑格尔.小逻辑[M].张世英,译.长春:吉林人民出版社,1982.

[32] [美]斯塔夫里阿诺斯.全球通史——1500年以前的世界[M].吴象婴,梁赤民,译.上海:上海社会科学院出版社,1992.

[33] [美]亚伯拉罕·弗莱克斯纳.现代大学论——英美德大学研究[M].徐辉,陈晓菲,译.杭州:浙江教育出版社,2001.

[34] [法]埃德加·莫兰.方法:思想观念[M].秦海鹰,译.北京:北京大学出版社,2002.

[35] [德]卡尔·马克思.黑格尔法哲学批判[M].中共中央马克思恩格斯列宁斯大林著作编译局,译.北京:人民出版社,1963.

[36] [美]伯顿·克拉克.高等教育新论——多学科的研究[M].王承绪,徐辉,等,译.杭州:浙江教育出版社,1988.

[37] [德]弗·鲍尔生.德国教育史[M].滕大春,滕大生,译.北京:人民教育出版社,1986.

[38] 杜作润.世界著名大学概览[M].成都:四川人民出版社,1994.

[39] 涂又光.中国高等教育史论[M].武汉:湖北教育出版社,2003.

[40] 张焕庭.教育词典[M].南京:江苏教育出版社,1989.

[41] 郑云斌.中国城市发展若干问题研究[M].厦门:厦门大学出版社,2006.

[42] 胡乔木.中国大百科全书[M].北京:中国大百科全书出版社,1993.

[43] 张丽堂,唐学斌.市政学[M].台北:五南图书出版公司,1983.

[44] 任平.时尚与冲突——城市文化结构与功能新论[M].南京:东南大学出版社,2000.

[45] 崔延强.正义与逻各斯[M].济南：泰山出版社，1998.

[46] 刘军宁.自由与社群[M].北京：生活·读书·新知三联书店，1998.

[47] 郑慧子.走向自然的伦理[M].北京：人民出版社，2006.

[48] 张德祥，李枭鹰，等.大学与城市互动发展论[M].北京：科学出版社，2018.

[49] 冯天瑜，何晓明，周积明.中华文化史[M].上海：上海人民出版社，2005.

[50] 教育部中外大学校长论坛领导小组.中外大学校长论坛文集[M].北京：高等教育出版社，2006.

[51] 贺国庆.外国高等教育史[M].北京：人民教育出版社，2003.

[52] 周伟忠.冲突论[M].上海：学林出版社，2002.

[53] 李立国.工业化时期英国教育变迁的历史研究[M].桂林：广西师范大学出版社，2010.

[54] 黄福涛.外国高等教育史[M].上海：上海教育出版社，2003.

[55] 王旭.美国城市史[M].北京：中国社会科学出版社，2000.

[56] 郄海霞.美国研究型大学与城市互动机制研究[M].北京：中国社会科学出版社，2009.

[57] 何一民.中国城市史[M].武汉：武汉大学出版社，2012.

[58] 张亚群.科举制废除与近代高等教育转型[M].上海：华中师范大学出版社，2005.

[59] 杜作润，高烽煜.大学论[M].成都：四川教育出版社，2000.

[60] 许纪霖.智者尊严——知识分子与近代文化[M].上海：学林出版社，1991.

[61] 韩明涛.大学文化建设[M].济南：山东人民出版社，2006.

[62] 张德，吴剑平.校园文化与人才培养[M].北京：清华大学出版社，2001.

[63] 徐魁峰，韦顺国，阙贵频.传承红色基因 铸就百色红魂[M].桂林：广西师范大学出版社，2021.

[64] 凌绍崇.百色起义·红色记忆[M].南宁：广西人民出版社，2009.

[65] 孙承武.巍巍学苑：全球十大名牌大学概况[M].北京：京华出版社，2003.

[66] 王冀生. 大学文化哲学：大学文化既是一种存在更是一种信仰 [M]. 广州：中山大学出版社，2012.

[67] 刘亚敏. 大学精神探论 [M]. 青岛：中国海洋大学出版社，2006.

[68] 中国社会科学院语言研究所词典编辑室. 现代汉语词典 [M]. 北京：商务印书馆，2016.

[69] 袁纯清. 和谐与共生 [M]. 北京：社会科学文献出版社，2008.

[70] 袁纯清. 共生理论——兼论小型经济 [M]. 北京：经济科学出版社，1989.

[71] 杨东平. 大学精神 [M]. 沈阳：辽海出版社，2000.

[72] 王颖. 城市社会学 [M]. 上海：上海三联书店，2005：174-175.

[73] 徐同文. 现代大学经营之道 [M]. 北京：人民教育出版社，2006：219.

[74] 王维先，铁省林. 农村社区伦理共同体之建构 [M]. 济南：山东大学出版社，2014：47.

[75] Robert Nisbet. The Sociological Tradition[M]. London：Transaction Publishers，1993.

[76] Brooks Mather Kelly. Yale：A History[M]. New Haven：Yale University Press，1974.

[77] Abraham Flexner. Universities：American, English, German[M]. Oxford：Oxford University Press，1930.

[78] Richard C. Levin. The University as an Engine of Economic Growth[M]. Beijing：Tsinghua University Press，2001.

[79] A. Bartlett Giamatti. A Free and Ordered Space：The Real World of the University[M]. New York：W. W. Norton & Company，1988.

[80] A. Flexner. Universities：American, English, German, with Introduction by Clark Kerr[M]. Oxford：Oxford University Press，1968.

[81] Clark Kerr. The Use of University[M]. New York：Harper Torch Books，1964.

[82] Clark Kerr. The Great Transformation in Higher Education，1960—1980[M]. New York：State University of New York Press，1991.

[83] Tomas Bender. University and City：From the Medieval to the present[M]. Oxford：Oxford University Press，1988.

二、论文类

[1] 宫天文.我国城市文化建设问题与对策研究[D].济南：山东大学，2010.

[2] 秦龙.马克思对"共同体"的探索[J].社会主义研究，2006（03）：10-13.

[3] 张澜，温松岩."高等教育"和"大学"概念的界定与分析[J].辽宁高等教育研究，1995（04）：67-70.

[4] 吴志成，吴宇.人类命运共同体思想论析[J].世界经济与政治，2018（03）：4-33.

[5] 郑卫民.试论城市文化与城市现代化[J].湖南社会科学，2005（03）：119-121.

[6] 李义天.共同体与公民美德[J].天津行政学院学报，2009，11（03）：18-23.

[7] 龚群.自由主义的自我观与社群主义的共同体观念[J].世界哲学，2007（03）：74-80.

[8] 陈刚.全球化与文化认同[J].江海学刊，2002（05）：49-54.

[9] 欧阳康.多元化进程中的文化认同与文化选择[J].华中科技大学学报（社会科学版），2011，25（06）：1-7.

[10] 杨志卿.地方大学与城市的文化互动机制研究[J].当代教育科学，2019（07）：82-86，96.

[11] 李枭鹰.从大学称谓变化看高等教育属性嬗变[J].广西师范大学学报（哲学社会科学版），2008（03）：99-102.

[12] 阎光才.牛津大学与牛津城——传统大学与社区间互动的一个经典个案分析[J].比较教育研究，2004（04）：42-46.

[13] 郤海霞.美国大学与城市关系的形成特点及相关思考[J].比较教育研究，2008（01）：1-6.

[14] 赵俊芳.大学郊区化及其对城市文化的影响[J].高等教育研究，2010（08）：64-71.

[15] 李松丽.19至20世纪初美国大学与城市的关系及其启示[J].内蒙古师范大学学报（教育科学版），2013（05）：40-43.

[16] 曹东. 都市大学——美国高等教育的一种新模式 [J]. 辽宁高等教育研究, 1998（04）：78-81.

[17] 黎民. 刍议高校与所在城市的关系 [J]. 理论月刊, 1999（09）：22-24.

[18] 史秋衡, 周良奎. 校城共同体：地方应用型本科高校与城市共生关系新范型 [J]. 高等工程教育研究, 2022（04）：128-134.

[19] 汪明义. 论大学的文化本质 [J]. 高等教育研究, 2015（09）：12-17.

[20] 陈斌, 张维维, 郑剑. 大学服务城市文化功能探究 [J]. 中国高教研究, 2012（03）：64-67.

[21] 李华玲, 李峻. 论大学对城市文化的引领功能及其实现 [J]. 国家教育行政学院学报, 2012（10）：67-71.

[22] 韩喜平, 王为全. 中国大学的文化责任 [J]. 大学教育科学, 2012（04）：16-21.

[23] 邵保章. 论高校校园文化建设与社区文化的辩证关系 [J]. 江汉石油学院学报（社会科学版）, 2000, 2（03）：69-71.

[24] 孙天胜, 戚洪. 大学在城市文化中的意义和作用 [J]. 自然辩证法研究, 2006（02）：84-87, 99.

[25] 李咏吟. 公民教育、文学艺术与公民心灵的自由信念 [J]. 吉首大学学报（社会科学版）, 2010, 31（04）：10-15.

[26] 刘文俭, 高晓洁. 高校文化与城市文化关系探析 [J]. 青岛行政学院学报, 2006（02）：11-14.

[27] 李华玲, 李峻. 论大学对城市文化的引领功能及其实现 [J]. 国家教育行政学院学报, 2012（10）：67-71.

[28] 孔晓虹, 韩波. 大学文化对城市文化的影响分析 [J]. 国家教育行政学院学报, 2016（03）：31-34.

[29] 胡建国. 论高等教育参与城市文化建设的特点及途径 [J]. 湖南大学学报（社会科学版）, 1996（03）：85-88.

[30] 王宗光. 发挥大学文化对城市文化的助推作用 [J]. 上海党史与党建, 2003（07）：1-3.

[31] 郑晓芹. 大学与城市文化互动关系探究[J]. 现代教育科学，2015（07）：17-21.

[32] 孙雷，姜玉原，姜宇飞. 大学文化和城市文化互动发展的现状及对策研究——以沈阳市为例[J]. 文化学刊，2019,（11）：134-140.

[33] 赵雨婷. 社会互动视野下对我国大学文化与城市文化互动的反思[J]. 吉林省教育学院学报，2015（01）：89-91.

[34] 阎光才. 大学与城市、社区间关系的历史与现实[J]. 比较教育研究，2006，27（06）：24-28.

[35] 孙雷，饶锦波. 中外大学文化与城市文化互动的比较及借鉴[J]. 东北大学学报（社会科学版），2019，21（01）：89-95.

[36] 顾霁昀. 从"文化孤岛"走向"文化共同体"——学校与社区"教育一体化"的校本探索[J]. 上海教育科研，2018（04）：53-58.

[37] 束霞平. 大学与文化创意产业互动发展的共生模式[J]. 民族艺术研究，2012（06）：123-129.

[38] 黄莺. 浅谈国外大学文化与城市文化融合发展的五个特性[J]. 华北理工大学学报（社会科学版），2017，17（03）：10-14.

[39] 胡建国. 论高等教育参与城市文化建设的特点及途径[J]. 湖南大学学报（社会科学版），1996（03）：85-88.

[40] 张庆东. 公共利益：现代公共管理的本质问题[J]. 云南行政学院学报，2001（04）：22-26.

[41] Parsons, K. C. A Truce in the War Between Universities and Cities: A Prologue to the Study of City-University Renewal[J]. Journal of Higher Education, 1963, 34（01）: 16.

[42] Robert Huggins. Universities，knowledge networks and regional policy [J]. Cambridge Journal of Regions，Economy and Society，2008，1（02）：321-340.

[43] Baker Minkel. The town and the robe [J]. Economic development Journal，2004，150（04）：344-346.

[44] Sanford Pinsker. Could town-gown relations take a costly turn[J]. Academic Questions，1996（02）：7-9.

参考文献

[45] Lederer Jeffrey. University downtown, and the mid-size city: An examination of the roles of university in downtown revitalization within the context of community-university partnerships[D]. University of Waterloo, 2007.

[46] Elizabeth Van der Meer. The University as a local of expertise[J]. Geo Journal, 1997（04）：359-367.

[47] Laurence Brockliss. Gown and Town: The University and the City in Europe, 1200—2000[J]. Minerva, 2000（02）：147-170.

[48] 李俊玲. 高教园区模式下的高校校园文化与城市文化互动研究[D]. 杭州：杭州师范大学，2012.

[49] 赵艳琴. 马克思共同体思想的价值研究[D]. 苏州：苏州大学，2009.

[50] 孟庆垒. 环境责任论——兼对环境法若干基本理论问题的反思[D]. 青岛：中国海洋大学，2008.

[51] 宋文红. 欧洲中世纪大学：历史描述与分析[D]. 武汉：华中科技大学，2005.

[52] 赵煦. 英国早期城市化研究——从18世纪末后期到19世纪中叶[D]. 上海：华东师范大学，2008.

[53] 李鹏佳. 大学与城市发展中的冲突及其协调研究[D]. 长沙：湖南大学，2007.

[54] 张泽平. 论大学与社区的合作[D]. 太原：山西大学，2013.

[55] 郝利. 高等学校与文化城市互动发展问题研究[D]. 桂林：广西师范大学，2008.

[56] 杨勇. 贵州省旅游业红色文化建设研究[D]. 保定：华北电力大学，2014.

[57] 杨耐寒. 大学与城市社会结构互动研究[D]. 大连：大连理工大学，2015.

[58] 一流大学与中心城市互动发展——郑州大学党委书记宋争辉谈大学与城市互动[N]. 河南日报，2020-10-19（007）.

[59] 樊金荣. 镌刻在心灵深处的红色[N]. 江西日报，2007-9-3.

[60] 谢永林，廖志华，蒙界龙. 百色学院：依托独特地方资源打造干部培训高地[N]. 光明日报，2023-11-30.

[61] 徐魁峰，黄兴忠，刘繁荣. 百色学院：发挥学科优势服务地区高质量发展 [N]. 2023-11-09.

[62] 柴葳. 我们需要什么样的大学文化 [N]. 中国教育报，2005-10-20.

[63] 李晓红.《百色历史通稿》是百色精神家园中的一笔宝贵财富 [EB/OL].（2016-5-13）[2023-07-17]. http://www.gxbsrd.gov.cn/news_view.php?id=71324.

[64] 杨敏. 博物馆与设计学院联合举办首期百色历史文化研究学术沙龙 [EB/OL].（2019-05-15）[2023-04-19]. http://www.bsuc.cn/info/1246/44054.html.

[65] 宁业斌，吴忠婷，莫超明. 百色历史与文化漫谈 [EB/OL].（2017-04-13）[2022-09-25]. http://bwg.bsuc.edu.cn/info/1003/1091.html.

[66] 姚一苇. 广西文化和旅游研究基地举办2021年第二期学术沙龙 [EB/OL].（2021-11-05）[2022-01-29]. http://www.bsuc.cn/info/1246/54775.html.

[67] 王志播. 百色市文化和自然遗产日暨右江区文化遗产进高校活动在我校博物馆举办 [EB/OL].（2021-06-13）[2022-04-12]. http://www.bsuc.cn/info/1273/52834.html.

[68] 林玉慧，许丽梅，甘应景. 我校开展"保护母亲河行动·百色平安青年林"植树活动 [EB/OL].（2016-05-30）[2023-07-16]. http://www.bsuc.cn/info/1273/38205.html.

[69] 蓝尹萍. 走进黑衣壮干栏建筑感受民族传统文化魅力 [EB/OL].（2020-08-20）[2023-08-16]. http://www.bsuc.cn/info/1221/48604.html.

[70] 政管学院. 2021年三下乡：政管学院学子深入金穗生态园，助力乡村振兴 [EB/OL].（2021-07-21）[2023-02-11]. http://www.bsuc.cn/info/1221/53423.html.

[71] 陈瑞，黄兴忠. 百色学院：红色文化赋能思政育人 [EB/OL].（2023-04-04）[2023-09-11]. http://www.dangjian.com/shouye/zhuanti/zhuantiku/wodesizhengke/jingyanzuofa/202304/t20230404_6584852.shtml.

[72] 党委宣传部. 用红色资源构筑"文化育人"精神高地 [EB/OL].（2017-01-08）[2023-07-18]. http://www.bsuc.cn/info/1221/16066.html.

参考文献

[73] 唐浩东，罗晓丽.百色学院学子暑期"三下乡"走进德保感受壮族马骨胡文化[EB/OL].（2022−07−25）[2023−03−11]. http://gx.people.com.cn/n2/2022/0725/c390645-40052564.html.

[74] 邝昆翔，吴淑林.探寻壮族精神图腾 传播优秀民俗文化[EB/OL].（2023−05−18）[2023−09−16]. http://dwxcb.bsuc.edu.cn/info/1093/18931.html.

[75] 党委宣传部.我校引资建设百色首个创意产业园[EB/OL].（2020−04−13）[2023−10−13]. http://www.bsuc.cn/info/1273/46964.html.

[76] 党委宣传部.我校四个科技创新平台获市工程技术研究中心认定[EB/OL].（2021−04−15）[2023−09−17]. http://dwxcb.bsuc.edu.cn/info/1101/11962.html.

[77] 金长义.赓续前行继宏志 奋楫争先向未来 稳步推进建设具有百色精神的高水平应用型大学——在百色学院2022年教学科研大会上的讲话[EB/OL].（2022−12−22）[2023−09−23]. http://dwxcb.bsuc.edu.cn/info/1101/17901.html.

[78] 百色市人民政府办公室.政府工作报告——2021年10月17日在百色市第五届人民代表大会第一次会议上[EB/OL].（2021−11−03）[2022−05−16]. http://www.baise.gov.cn/zwgk/jcxxgk/wjzl/gzbg/t11304499.shtml.

[79] 百色市人民政府办公室.政府工作报告——2022年1月12日在百色市第五届人民代表大会第二次会议上[EB/OL].（2022−02−19）[2023−06−12]. http://www.baise.gov.cn/zwgk/jcxxgk/wjzl/gzbg/t11304498.shtml.

[80] 区校融合高校学生文创设计作品进社区[EB/OL].（2023−08−31）[2023−09−21]. https://sghexport.shobserver.com/html/baijiahao/2023/08/31/1111888.html.

[81] 百色起义纪念园管理中心.让文化遗产"活"起来[EB/OL].（2022−06−12）[2023-08-27]. https://mp.weixin.qq.com/s?__biz=MjM5MzU3NTMyOQ==&mid=2651929614&idx=2&sn=91b8ed3522727cb4cf25f90f4d23ba1c&chksm=bd7164c08a06edd6c3f7d523c8b543f5e5a4bc0504c704b6cb2a017f9f035e8f11cf1758bc39&scene=27.

[82] 人民网.广西城市职业大学：科文赋能 产教育人[EB/OL].（2023−10−09）[2023−10−17]. https://www.163.com/dy/article/IGKEPH460530QRMB.html.

后 记

　　本书从共同体视域出发，将大学与城市作为关系共同体、文化共同体、利益共同体和命运共同体，追溯大学与城市文化互动的历史，探究大学与城市文化互动的互利共生关系，考察共同体视域下大学与城市文化互动存在的突出问题，针对问题提出共同体视域下大学与城市文化互动的优化路径。最后，以广西百色市大学与城市文化互动为典型个案，探究百色市大学与城市文化互动的现状、特点以及共栖关系。

　　书稿的顺利完成，首先，要感谢我的导师王喜娟教授。王教授既是我的硕士研究生导师，又是博士后合作导师。自2014年相识以来，王教授严谨务实、精益求精的学术态度，乐观、开朗、真诚、包容的生活态度，深深地影响着我的学术生活和现实生活。其次，要感谢大连理工大学的张德祥教授、李枭鹰教授，有幸让我参与到辽宁省社科基金重大委托项目"大学与城市互动研究"（项目编号：L11WTA001）中，参与课题研究使我对大学与城市互动相关的命题有了一定程度的认识和理解。尽管由于各种原因，读博期间我未围绕着"大学与城市互动"有关命题继续深入探究，但正是这种遗憾，为我出版本书埋下了伏笔。最后，要感谢广西民族大学的欧阳常青教授、农正教授以及百色学院的凌绍崇教授、杨秀富处长、黄建雄处长、陈瑞老师等对我在调研方面的支持与配合，感谢百色学院的老师们在百忙之中接受我的访谈并提供相关的资料，正是他们无私、坦诚的经验相授，我的研究才能顺利进行和完成，心中不胜感激。

　　本书倘若存在不足之处，敬请专家、读者们批评、斧正！

何文栋

2023 年 12 月 25 日

于广西民族大学